ONE
FOR
SOLITUDE
TWO
FOR
FRIENDSHIP
THREE
FOR
SOCIETY

biography

THREECHAIRS COMPANY

서울시 종로구 자하문로 269, 3F
TEL 02 396 6266 FAX 070 8627 6266
WWW.BIOGRAPHYMAGAZINE.KR
CONTACT@BIOGRAPHYMAGAZINE.KR

CREATIVE DIRECTION & COPY
이연대
LEE YEONDAE

DESIGN DIRECTION & ILLUSTRATION
이수민
LEE SUMIN

EDITING
이연대
LEE YEONDAE
허설
HUH SEOL
김혜진
KIM HYEJIN
박세정
PARK SEJEONG
정용
JUNG YONG
이용우
LEE YONGWOO

PHOTOGRAPHY
박준석
PARK JUNSEOK

ILLUSTRATION
릴라파이
LALAPIE

TRANSLATION
박은혜
PARK EUNHYE

EXECUTIVE ADVISOR
손현우
SON HYUNWOO

CONTRIBUTOR
심중선
SIM JUNGSUN

THANKS
김규완
KIM GYUWAN
김연숙
KIM YEONSUK
김윤성
KIM YUNSEONG
남궁우진
NAMKUNG WOOJIN
유재영
YOO JAEYOENG
유지혜
YOO JIHYE
전교선
JEON GYOSEON
정현주
JEONG HYEONJU
정혜인
JUNG HYEINN
정홍석
JEONG HONGSEOK

DISTRIBUTION
(주)날개물류

PRINTING
(주)스크린그래픽

PUBLISHING
(주)스리체어스
THREECHAIRS
도서등록번호
종로 마00071
출판등록일
2014년 7월 17일

**NOV DEC 2015
ISSUE 7
UM HONG-GIL**

ISSN
2383-7365
ISBN
979-11-86984-00-0 04080
979-11-953258-0-1(세트)

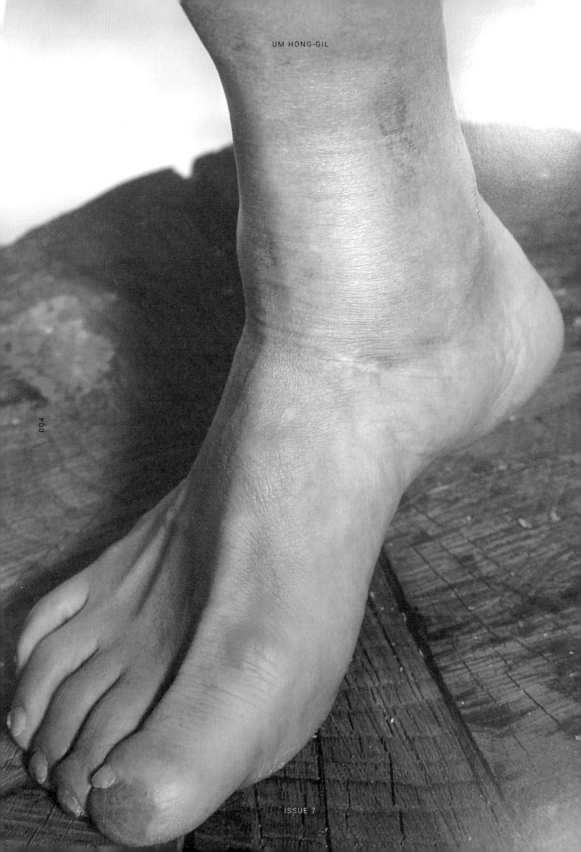

물었다고 한다. (훗날, 내가 살아서 내려간 게 기적이었다면, 두 분뿐만 아니라 나의 생존 귀환을 애타게 기다렸던 모든 이들의 보이지 않는 힘이 작용했을 것으로 믿는다.)

어쨌거나, 상황은 절박했지만 도움을 주거나 요청할 수 없었다. 불가항력이라는 것을 서로 알고 있었다. 나와 베이스캠프 사이에 놓인 안타까움의 거리는 좁혀질 수 없었다. 그것을 좁힐 수 있는 것은 살아야 한다는 내 의지뿐이었다. 살 수 있다는 희망은 없었지만 살아야 한다는 의지를 붙잡고 나는 한 발로 일어섰다.

'가야 한다. 불가능은 없다.'

통증이 몸 안에서 요동칠 때마다 나는 자신을 다그쳤다. 그러나 불안하게 바닥을 딛고 서 있는 왼발은 내 몸을 지탱하지 못했다. 앞으로 한 발자국 나아가는 것조차 버거웠다. 나는 곧 주저앉아서 설사면을 미끄러져 내렸다. 등정을 꿈꾸며 힘겹게 올라온 길을 온몸으로 구르며 내려갈 수밖에 없는 것이었다. 살아야 했고, 살기 위해선 어쩔 수 없었다. 경사진 곳을 만나면 두 팔을 바닥에 대고 눈 덮인 얼음 위를 엉금엉금 기어 나갔다. 오체투지가 따로 없었다.

눈 위에서 구르고 기어서 내려오기를 얼마였을까. 일몰이 안나푸르나를 붉게 적시기 시작했다. 일몰은 세상의 끄트머리에서 지워졌다. 빠르게 어둠이 깔렸다. 어둠 속에서도 캠프 3이 있는 곳까지 필사적으로 움직였다. 그리고 온몸의 감

PREFACE

WORDS BY LEE YEONDAE, PUBLISHER

언어 습관은 사회 정서를 반영한다. 우리는 흔히 인생을 등반에 비유한다. 고통을 견디고 오르다 보면 언젠가 정상이 나타난다고 격려한다. 사회적 지위나 명성, 성취를 산 정상에 빗대기도 한다. 쉽게 올라서면 쉽게 내려간다며 밑바닥 경험을 강조하는 말도 있다. 여기서 정상은 등산의 유일한 목표이다.

한편 드물기는 해도 올라가기보다 내려가기가 더 어렵다고 말하는 사람도 있다. 여기서 정상은 등산 과정의 일부에 지나지 않는다. 오르막과 내리막은 동등한 가치를 지닌다. 자연히 별 탈 없이 평지로 다시 내려오는 것이 등산의 목표가 된다.

입학과 졸업, 취업과 승진, 결혼과 출산, 인생의 고비마다 우리는 크고 작은 목표를 세운다. 대체로 일의 형편이나 과정보다는 출발점을 겨냥한다. 우리는 기껏해야 출발하는 장소에 도착하기 위해 애면글면한다. 그리고 정상에 오르면 만사를 작파한다. 언젠가 내려가야 한다는 생각은 좀처럼 하지 않는다. 여기에 비극이 있다.

정상은 오래 머물 곳이 못 된다. 폭양이 내리쬐고, 바람이 휘몰아치고, 몇 사람이 서 있기도 힘들 만큼 비좁다. 대저 정상은 머물기 위한 곳이 아니라 거쳐 가는 곳이며, 내려가기 위해 올라간다고 해도 과언이 아니다.

신입생과 신입사원과 배우자와 부모가 되는 생각보다 어렵지 않다. 정작 어려운 건 성실한 학생과 뛰어난 사원과 훌륭한 배우자와 인자한 부모가 되는 일이다. 다시 산에 빗대자면 정상에서 자격을 득하고 하산길에서 책임을 완수하는 것이다. 정상 정복이 아니라 오르고 내려가는 과정이 인생길의 목적이 되어야 하는 이유다.

등산 과정이 목적이 되면 전혀 다른 경지가 열린다. 최대한 빨리 정상을 향해 오르는 '등정

PREFACE

登頂주의'가 아니라 어떤 길을 택해 어떤 방식으로 갈지를 고민하는 '등로登路주의'가 찾아온다. 권태로움 속에 방기한 일상이 다시 활력을 얻으면 성과주의자의 처절한 자기 부정이 일어난다. 올라가는 길은 하나지만 내려가는 길은 셀 수 없이 많다.

이번 호에서는 산악인 엄홍길 대장을 만났다. 엄홍길 대장은 히말라야 8000미터 봉우리 14좌를 모두 올랐다. 8000미터 위성봉인 얄룽캉과 로체샤르마저 등정해 세계 최초로 8000미터 16좌를 완등했다. 그는 22년간 38번 도전했고, 18번 실패했고, 20번 성공했다. 이 과정에서 동료 열 명을 잃었다. 대부분 하산 중에 사고를 당했다.

반평생을 산에서 살았지만 그는 산을 정복의 대상으로 보고 있지 않았다. 정복이란 말 자체를 단 한 번도 입에 올리지 않았다. 대체로 '산이 나를 허락했다'고 말했고, 기껏해야 '올랐다', '등정했다' 정도로 표현할 뿐이었다. 그에게 등반은 올라가는 것이 아니라 내려오는 행위에 가까웠다.

고백하건대 성과주의는 나의 지병이었다. 가시적 목표를 향해 허겁지겁 달리다 허방에 빠지기도 했고, 때로는 야트막한 봉우리지만 산정에 오르는 기쁨도 있었다. 그러나 정상 너머를 생각한 적은 없었다. 내려오는 일은 매번 거추장스러운 일상에 지나지 않았다. 엄홍길 대장과 만나면서 인생은 날마다 도전이며 날마다 경이라는 사실을, 목표란 오르고 내려가는 일을 포괄한다는 사실을 알았다.

한 해가 저물어 간다. 모쪼록 엄홍길 대장의 산山 이야기가 인생에 대한 하나의 은유로 읽히기를 바란다. 정상만을 바라보는 사람과 정상 너머를 바라보는 사람은 신발 끈을 매는 태도부터 다를 것이다.

고산 등반의 경험에 입각해 그는 말한다.

"히말라야 고봉을 오르내리며 배운 게 하나 있다. 산은 오를 때보다 내려올 때가 더 힘들고 위험하다. 산 정상에 올랐다고 해서 끝난 것이 아니다. 이를 정복, 성공으로 보면 큰 문제가 생길 수 있다. 그 다음이 중요하다. 처음 출발했던 지점까지 제대로 내려오는 것도 올라갈 때 못지않게 생명을 담보해야 한다. 내려오는 연습이 필요하다."

알피니즘이 태동한 지 2백 년이 지났다. 등정주의가 가고 등로주의의 시대가 왔다. 독자 여러분의 삶도 그러하기를 간절히 소망한다. **b**

013

ISSUE 7
NOV DEC 2015
UM HONG-GIL

P

PORTRAITS

엄홍길의 활동상을
화보에 담았다

P.026

L

**LEGENDARY
ALPINISTS**

전설적 산악인들의
결정적 순간을
모았다

P.016

P

PREFACE

하산의 어려움

P.012

T

**TALKS AND
TALES**

산 위와 아래에서
사람들을 만났다.
엄홍길에 대해
물었다

P.024

IMPRESSION

엄홍길의 첫인상을
그래픽 아트로
나타냈다

P.004

R

RECORD

엄홍길의
16좌 완등 기록을
한눈에 확인한다

P.022

"우리가 정복한 것은 산이 아니라 우리 자신입니다."

EDMUND
PERCIVAL
HILLARY

1919~2008

에드먼드 힐러리 1953년 5월 29일 뉴질랜드 출신의 산악인 에드먼드 힐러리와 네팔 출신의 셰르파 텐징 노르게이가 인류 역사상 최초로 에베레스트 등정에 성공했다. 사람들은 누가 먼저 정상에 섰는지 물었다. 힐러리는 "누가 먼저인지는 중요하지 않다. 우리는 어려움을 함께 이겨 냈다"고 말했다. 훗날 밝혀진 바에 따르면 에베레스트 정상에 오른 최초의 인간은 힐러리였다. 등정 당일 정상 바로 아래에 먼저 도착한 텐징은 뒤처진 힐러리가 올라올 때까지 30분을 기다렸다. 그리고 힐러리가 먼저 정상을 밟도록 양보했다.

"나는 정당한 방법만을 써서 오직 내 힘만으로 정상에 올랐다."

HERMANN
BUHL

1924~1957

헤르만 불 오스트리아의 등산가 헤르만 불은 1953년 독일과 오스트리아의 합동 낭가파르바트 원정대에 참가해 정상을 단독 등정했다. 당시 그는 원정대장의 퇴각 명령을 거부하고 새벽 2시에 단독 출발해 17시간 만인 오후 7시에 정상을 밟았다. 하지만 하산길에 산소 결핍증과 추위에 시달리며 정상을 떠난 지 40시간 만에 캠프로 돌아왔다. 당시 29세이던 헤르만 불은 죽을 고비를 몇 차례나 넘기고 살아 돌아온 뒤 80세 노인의 얼굴을 하고 있었다. 이때 찍은 사진이 산악인들 사이에서 유명하다.

"불가능의 매력은 포기하는 데 있지 않고 극복하는 데 있다."

WALTER
BONATTI

1934~

월터 보나티 1954년 이탈리아 원정대가 K2 초등정에 성공했다. 당시 24세였던 월터 보나티는 최연소 대원이었다. 등정 직후 선배 대원들이 "보나티가 정상 공격조에게 산소통을 제대로 전달하지 않아 대원들을 위기에 빠트렸다"고 비난해 평생 불명예와 싸워야 했다. 하지만 다른 등반대원이 2006년 자서전에서 당시 선배 대원들이 보나티의 강인한 체력을 두려워해 그의 정상 공격을 방해한 사실을 밝혔다. 1955년 에귀 뒤 드뤼 단독 등반에서 식량과 장비를 자루에 담아 끌어 올리는 '홀링 테크닉' 등반 기법을 창안했다.

"나는 죽음의 문턱까지 가 본 적이 있다. 그게 바로 등산이다."

CHRIS
BONINGTON

1934~

크리스 보닝턴 영국의 전설적 산악인이다. 마요네즈 외판원으로 9개월 동안 일하다가 전문 산악인이 되기 위해 사표를 냈다. 이후 누구도 흉내 내기 어려운 등반을 감행해 세계 산악계를 놀라게 했다. 1970년 안나푸르나 남벽에 올라 히말라야 최초로 거벽 등반 시대를 열었다. 1975년에는 험준하기로 유명한 에베레스트 남서벽을 최초 등정했다. 30년간 30개 등반대가 모두 실패한 공포의 산 오그레에 오르다 7300미터 고도에서 갈비뼈가 부러져 고립되기도 했다. 당시 그는 나흘 동안 얼음 위를 기어 살아 돌아왔다.

"나는 산을 정복하려고 온 게 아니다. 두려움을 통해 이 세계를 알고 싶고 느끼고 싶다."

REINHOLD MESSNER

1944~

라인홀트 메스너 이탈리아 출신의 산악인이다. 세계 등반 역사를 새로 쓴 금세기 최고의 알피니스트다. 1978년 세계 최초로 에베레스트를 무산소로 등정했고, 낭가파르바트를 단독 등정했다. 1986년 10월 16일 로체 등정에 성공하면서 세계 최초로 히말라야 8000미터 14좌 완등을 달성했다. 8000미터 봉에 18번 올랐고, 그중 16번을 산소 장비와 셰르파의 도움 없이 성공했다. 메스너는 무산소 등정, 단독 등반, 연속 종주 등반, 알파인 스타일, 새로운 루트 개척 등 늘 새로운 도전에 나섰다. 60여 권의 저서가 있다.

"아무도 시도한 적 없는 길을 정복해서 초등자가 되고 싶다."

JERZY KUKUCZKA

1948~1989

예지 쿠쿠치카 폴란드의 산악인이다. 1987년 시샤팡마 등정에 성공하면서 세계 두 번째로 8000미터 14좌를 완등했다. 14좌 완등에 걸린 시간은 단 8년으로 메스너의 절반이었다. 폴란드의 낙후된 사회 환경과 뒤처진 알피니즘 환경 속에서 등반했다. 1979년 로체를 무산소 등정해 산악계의 주목을 받았다. 1989년 로체 남벽 등반 도중 로프가 끊어져 사망할 때까지 10년 동안 8000미터 고봉 17개를 올랐다. 노멀 루트로 오른 로체를 제외하고는 새로운 루트를 개척하거나 단독 등반, 동계 등정으로 올랐다. **b**

RECORD

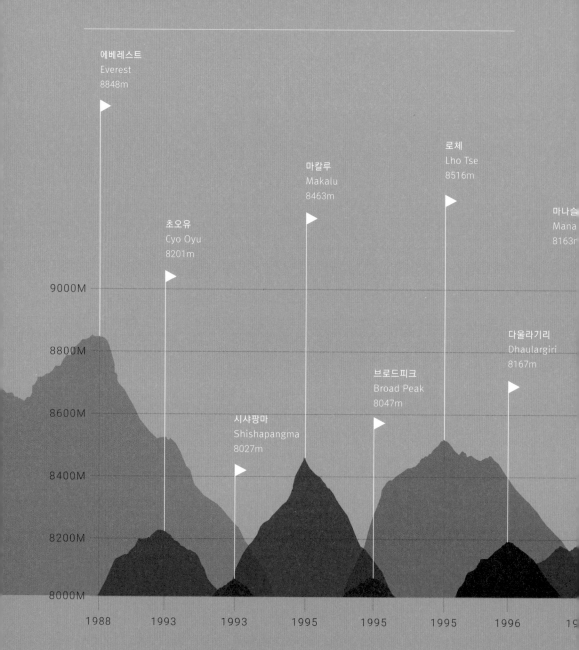

에베레스트
Everest
8848m

초오유
Cyo Oyu
8201m

마칼루
Makalu
8463m

로체
Lho Tse
8516m

마나슬
Mana
8163r

다울라기리
Dhaulargiri
8167m

브로드피크
Broad Peak
8047m

시샤팡마
Shishapangma
8027m

9000M

8800M

8600M

8400M

8200M

8000M

1988   1993   1993   1995   1995   1995   1996   1

38번의 도전과 18번의 실패, 20번의 성공. 엄홍길의 히말라야 16좌 완등 기록을 살펴본다.

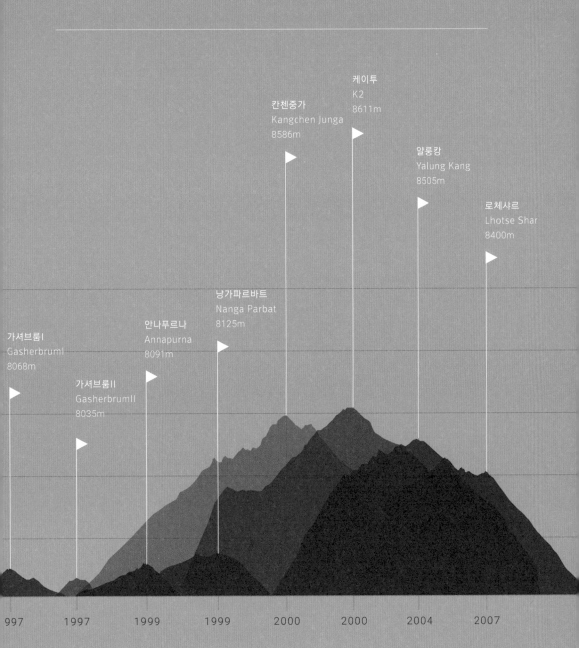

케이투
K2
8611m

칸첸중가
Kangchen Junga
8586m

얄룽캉
Yalung Kang
8505m

로체샤르
Lhotse Shar
8400m

낭가파르바트
Nanga Parbat
8125m

안나푸르나
Annapurna
8091m

가셔브룸I
GasherbrumI
8068m

가셔브룸II
GasherbrumII
8035m

997   1997   1999   1999   2000   2000   2004   2007

엄홍길 대장은 하면 된다는 진부한 명언이 실현 가능한 명제임을 보여 주었다. 그는 좌절과 패배를 어깨에 짊어진 슬픈 청춘들에게 내보일 수 있는 기성세대의 자랑이다.
강유석, 경기도 부천시, 32세, 독립 영화감독

산에 대한 순수한 애정과 열정으로 등반에 임하시는 모습을 보며 큰 감동을 받았다. 전문 산악인이 가져야 할 마음가짐의 모범을 보여 주셨다고 생각한다. 엄홍길 대장은 진정한 의미의 전문 산악인이다.
장국찬, 평택시, 34, 직장인

10년 전에 MBC에서 방영한 〈아! 에베레스트〉라는 다큐멘터리를 시청했다. 등반 사고로 죽은 동료의 시신을 수습하기 위해 대가 없는 등반을 하는 엄홍길 대장의 모습이 담겨 있었다. 고인의 시신을 붙잡고 통곡하는 엄 대장의 모습이 아직도 기억에 생생하다. 숭고하고 아름다웠다. **백도현, 경기도 고양시, 26세, 직장인**

자영업을 하는 사람의 입장으로서 엄홍길 대장의 리더십에서 많은 것을 배운다. 죽은 대원의 시신을 수습하기 위해 원정에 나선 그의 마음은 우두머리가 가져야 할 마음가짐의 모범을 보여 준다. 노동력과 임금을 교환하는 경제적 관계를 넘어 인간애를 바탕으로 한 집단은 구성원들에게 더 큰 소속감을 느끼게 한다. 신뢰와 자발적 소속감으로 이뤄진 집단은 언제나 옳은 방향을 향해 나아간다. 엄홍길 대장은 이 시대의 진정한 리더다.
김지용, 서울시, 38세, 자영업

엄홍길이 14좌에 오르는 동안 많은 동료들이 목숨을 잃었다. 엄홍길 본인도 죽을 고비를 몇 번이나 넘겼다. 목숨을 담보로 히말라야에 오르는 이유를 솔직히 잘 모르겠다. 결국 '한국 최초', '아시아 최초', '세계 최초' 같은 말을 얻기 위해서는 아니었을까. 그가 뛰어난 산악인이란 사실은 인정한다. 그러나 훌륭한 원정대장은 아니었다고 생각한다. 대장의 첫 번째 책임과 의무는 어떠한 경우에도 대원을 잃지 않는 것이다
유성훈, 서울시 용산구, 34세, 직장인

TALKS AND TALES

검고 붉게 상기된 얼굴로 인터뷰하시는 모습을 여러 번 보았다. 티브이 너머로 스치듯 보아온 나로서는 엄홍길 대장의 삶이 갖는 의미를 온전히 이해할 수는 없을 것이다. 하지만 그의 삶은 언제나 내 가슴을 뭉클하게 한다. **송애림, 서울시 강서구, 28세, 방송작가**

박무택 대원의 시신을 수습하기 위해 히말라야에 오른 엄홍길 대장의 이야기를 들었다. 그를 대한민국의 자랑스러운 산악인이라고 말할 수 있는 것은 16좌를 완등해서만이 아니라 목숨을 걸고 우정과 신념을 지켰기 때문이다. **이장석, 서울시, 30, 직장인**

정상에 오르기 위해서는 가장 먼저 자신을 낮춰야 한다는 엄홍길 대장의 고백을 기억한다. 엄 대장의 성공은 최고의 위치에서도 겸손함을 잃지 않았기에 가능했다고 생각한다. 나 역시 그런 마음가짐을 본받아 인생의 매 순간을 헤쳐 나가려 한다. **이동준, 25세, 서울시 중구, 대학생**

엄홍길 대장의 강연을 들은 적이 있다. 그는 꿈을 가지고 꿈을 향해 나아가라고 했다. 그러면 언젠 가는 꿈을 이룰 수 있다는 말도 덧붙였다. 그러나 모두가 그처럼 목표를 달성할 수 있는 것은 아니 다. 기성세대는 늘 청년에게 더 큰 꿈을 품고 낡은 틀을 넘어서라고 말한다. 그처럼 비겁한 말이 어디 있을까. 이 사회가 해줄 것이 없으니 각자도생하라는 말과 다르지 않다.
박수영, 서울시, 27세, 대학생

엄홍길은 일반인에게 가장 잘 알려진 산악인이다. 대중은 엄홍길의 모습으 로 산악인을 정의한다. 히말라야 정상에 올라야 산악인이라고 믿는다. 16 좌 완등이 산악인이 가질 수 있는 유일한 영예라고 생각한다. 언론이 보도 하는 유일한 산악 관련 뉴스이기 때문이다. 실제 산악계 내에는 엄홍길을 제외하고도 뜻깊은 등반을 하는 수많은 산악인들이 있다. 그리고 아무런 주목을 받지 못하고 세상을 떠난 이들도 많다. 그들에게도 따스한 시선이 가기를 진정으로 바란다. **네이버 아이디 arum******

엄홍길이 완수한 로체샤르 남벽 등반은 난이도로 보았을 때 성 과가 충분히 인정된다. 로체샤르를 일반 루트로 오르지 않고 남 벽을 택했다는 사실에 대해서는 높은 평가를 받을 만하다. 하지 만 14좌에도 포함되지 않는 위성봉 로체샤르가 어찌 자의적으 로 만들어 낸 '16좌'에 포함되어 스스로를 '세계 최초 16좌 완 등'이라고 칭하는가. **다음 아이디 Ma******

세상에는 납득하기 힘들지만 의미 있는 일들이 있습니다. 제게는 산을 오르는 일이 대표적입니다. 모든 것을 바쳐 도전하 시는 이유를 저를 포함한 많은 사람들이 이해하기는 어렵겠지요. 하지만 그를 볼 때마다 가슴 한편이 아려 오는 것은 그가 겪은 삶의 애환이 전해져서는 아닐까요. 그의 이야기가 필요한 이유도 여기 있고요. 어쩌면 엄홍길 대장은 산악인이자 예 술가가 아닐까라고 생각해 봅니다. **네이버 아이디 humm******

엄홍길을 모르는 사람은 없을 것이다. 세계 최초로 16좌를 완 등했다는 사실도 대부분 알 것이다. 하지만 성공을 위해 엄홍 길이 겪었던 수많은 실패를 아는 사람은 극소수다. 엄홍길은 실패의 시간을 묵묵히 견뎌 왔다. 오늘의 엄홍길을 만든 것은 과거의 실패다. '실패는 성공의 어머니'라는 격언은 엄홍길의 것이다. **네이버 아이디 you******

우리가 갖고 있는 엄홍길의 이미지는 정상에서 깃발을 펼치고 있는 모습이다. 그가 정상에 오르 지 못했다면, 16좌 완등에 실패 했다면, 우리 중 누가 그를 기억할까. 세상은 언제나 승자만을 기억한다. 엄홍길은 이를 누구보다 잘 알았다. 결국 그는 정상에 올랐고 16좌를 완등했다. 너무 나 많은 희생을 통해서 말이다. 더 이상의 희생은 없어야 한다. 앞으로의 세대는 승리에 집착하 지 말고 본연의 길을 가야 한다. 이를 위해서는 사회 전반에 실패에 대한 관용이 자리 잡혀야 할 것이다. **네이버 아이디 ar******

10여 년 전 친구들과 선술집에서 술을 마시고 있었습니다. 주인아주머니께서 안쪽 방에 엄홍길 대장님이 계시다고 귀띔해 주셨어요. 유명인을 본다는 기대 에 염치 불고하고 방으로 들어갔습니다. 넙죽 인사드리며 존경심을 표했지요. 어느 정도 취기가 오르신 모습이었지만 웃는 얼굴로 반갑게 맞아 주셨습니다. 그러고는 한 명 한 명 넓은 가슴으로 안아 주셨어요. 오랜 시간이 지났지만 그 날을 생각하면 괜스레 입꼬리가 올라갑니다. 산을 내려오셔서도 여전히 새로 운 도전을 하신다고 들었습니다. 항상 응원하겠습니다. **다음 아이디: 이******

엄홍길은 가장 높은 봉우리에서 깃발을 펼치기 위해 모든 것을 바쳤다. 그 과정에서 수많은 청춘이 세상을 떠났 다. 그들의 죽음이 엄홍길의 탓만은 아닐 것이다. 실패를 받아들이지 못하는 시대가 청춘들을 죽음으로 내몰았던 것이다. 산악인은 정상에 서는 사람이 아니다. 산악인은 산을 타는 사람이다. 성공과 실패의 굴레에서 벗어나 자 유로이 산을 오가는 산악인을 보고 싶다. **네이버 아이디 kang****** **b**

biography

엄홍길은 1960년 경남 고성에서 2남 2녀의 장남으로 태어났다. 호암초등학교, 의정부중학교, 양주고등학교, 한국외국어대학교 중국어과와 동 대학원 체육교육학과를 졸업했다. 해군 수중폭파대에서 복무했다. 1985년 겨울 히말라야에 첫 발을 내디뎠다. 1988년 가을 에베레스트를 등정했다. 1993년 가을 초오유를 등정했다. 1993년 가을 시샤팡마를 등정했다. 1995년 봄 스페인 원정대와 함께 마칼루를 등정했다. 1995년 여름 브로드피크를 등정했다. 1995년 가을 로체를 등정했다. 1996년 봄 다울라기리를 등정했다. 1996년 가을 마나슬루를 등정했다. 1997년 여름 가셔브룸 1봉과 2봉을 등정했다. 1999년 봄 다섯 번째 도전 만에 안나푸르나 등정에 성공했다. 1999년 여름 낭가파르바트를 등정했다. 2000년 봄 칸첸중가를 등정했다. 2000년 여름 K2 등정에 성공하면서 아시아 최초, 세계 8번째로 히말라야 14좌 완등을 달성했다. 이후 8000미터 위성봉인 얄룽캉과 로체샤르마저 등정하며 2007년 세계 최초로 히말라야 16좌 완등에 성공했다. 16좌를 완등하기까지 38번 도전했고, 18번 실패했고, 20번 성공했다. 2008년 엄홍길 휴먼재단을 설립하고 히말라야 산간 마을에 학교와 의료 시설을 짓고 있다. 엄홍길은 체육훈장 거상장, 체육훈장 맹호장, 한국 유네스코 서울 협회 선정 '올해의 인물', 대한민국 산악대상, 체육훈장 청룡장, 해군을 빛낸 예비역 선정, 대한산악연맹 선정 '산악계를 빛낸 50인', 자랑스런 대한국민 대상 등을 수상했다.

도봉산 道峰山 739m

북한산국립공원의 동북쪽에 있다. 화강암으로 이뤄진 바위산이다. 주봉은 자운봉이다.

도봉산은 유년의 뜨락이었고 가계의 경제였다. 정확히는 원도봉산이다. '원래 도봉산'이라는 뜻이다. 망월사 계곡이라고도 한다. 부모님은 산 중턱에서 먹을거리를 팔았다. 세 살배기 아이는 산비탈에서 걸음마를 배웠다. 가게에 자주 들르던 등산객들을 따라 산에 올랐고 바위 사이를 헤집고 다녔다. 어린 시절에는 부모님을 원망했다. 전기도 나오고 티브이도 있는 집에 살고 싶었다. 주위를 둘러보면 온통 산이었다. 학교에 가려면 산길을 1시간이나 걸어야 했다. 산이 싫었다.

엄홍길은 저도 모르게 산사람이 되어 갔다. 봄이면 진달래를 따먹고, 여름이면 계곡물에 몸 담그고, 가을이면 나무를 타고 머루와 다래를 따먹고, 겨울이면 설산에서 토끼몰이를 했다. 그에게 도봉산은 친구였고 어머니였다.

집 근처에 두꺼비 바위가 있었다. 두꺼비가 입을 벌린 모양이라 붙은 이름이었다. 주말이면 바위 주변에 산악인들이 몰렸다. 그들은 야영하며 훈련했다. 중학교 2학년 때 암벽 등반을 구경하다가 재미 삼아 배웠다. 그 이후로 등산이 아닌 등반 개념으로 산에 올랐다. 여름과 가을의 주말은 가게 장사가 잘되어서 온 식구가 정신이 없었다. 하지만 엄홍길은 산에 미쳐서 장사를 돕지 않고 산만 찾아다녔다.

1977년 9월 고등학교 2학년 때 한 장의 사진을 보았다. 그해 9월 15일 산악인 고상돈이 한국인 최초로 에베레스트 등정에 성공했다. 정부는 이날을 산악의 날로 기념했다. 정상에서 고상돈은 포즈를 취했다. 세계 최고봉에 선 남자는 빨간 다운재킷과 팬츠를 입고 태극기를 들고 있었다. 그 사진 한 장이 너무 강렬했다. 엄홍길은 세계 최고봉을 밟는 기분이 어떠할지 상상했다. 막연한 동경이 생겼다. 히말라야에 대한 생각은 커져만 갔다.

고등학교를 졸업하자마자 엄홍길은 입산했다. 한라산에서 설악산에 이르기까지 전국의 온 산을 헤집고 다녔다.

설악산 雪嶽山 1707m

한라산(1950m), 지리산(1915m)에 이어 남한에서 세 번째로 높다. 주봉은 대청봉이다.

1979년 고등학교를 졸업하고 설악산으로 향했다. 아는 선배가 설악산에서 산장을 운영하고 있었다. 그곳에서 1년 반을 살았다. 사흘에 한 번씩 설악동에서 산장까지 30~40킬로 그램의 물품을 등에 지고 날랐다. 산장 일이 끝나면 설악산의 계곡과 능선, 암벽과 빙벽을 누볐다. 단기간에 등반 기술을 향상시켰다. 산장을 찾은 산악인들과 친분도 쌓았다. 입산이 통제되는 겨울철에는 한라산, 부산 금정산 등 전국 각지의 산을 찾아다녔다. 20대 초반은 산에 미쳐 살았다.

어느덧 입대할 나이가 되었다. 몇 년간 산을 헤집고 다녔으니 군 생활만큼은 전혀 다른 곳에서 하고 싶었다. 엄홍길은 바다를 택했다. 망망대해로 나아가 별의별 경험을 다 하게 되리라 기대하고 해군에 지원했다. 그런데 인천 앞바다로 발령받았다. 조업하는 어선들을 검문하는 경비정에 탔는데, 해군 보직 중에 수월한 편에 속했다. 게다가 출동해서도 대단한 일을 하는 게 아니라 내내 밥을 지었다. 취사병이 따로 없어서 막내였던 엄홍길이 10인분에 해당하는 식사를 차려야 했다. 지나가던 어선에서 생선이라도 받으면 회를 뜨고 매운탕을 끓여 냈다. 이런 일이나 하려고 해군에 지원했나 싶었다. 탄탄하던 몸에는 어느새 군살이 붙기 시작했다.

그러다 우연히 해군 특수전여단 수중폭파대(UDT) 28기 모집 벽보를 발견했다. 고생길을 바라던 엄홍길은 곧바로 지원했다. 신병처럼 머리를 빡빡 밀고 훈련소가 있는 진해로 내려갔다. UDT 훈련을 받으며 극한을 경험했다. 일주일 동안 잠도 자지 못하고 85킬로미터의 고무보트를 머리에 이고 다니는 '지옥주' 훈련, 제주도 연해의 무인도에 일주일간 버려져 살아서 돌아오는 '생식주' 훈련을 받았다. 담력을 길러야 한다고 한밤중에 화장터를 다녀왔고, 시내 하수구에서 포복하기도 했다. 매일 아침 후회했지만 버티고 또 버텼다. 그렇게 6개월이 지났다. 마침내 엄홍길은 UDT 대원이 되었다.

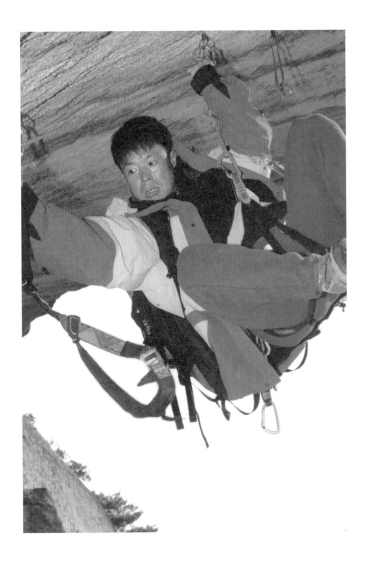

041

에베레스트 EVEREST 8848m

세계 최고봉이다. 현지에서는 '초모룽마'라고 부른다. 지구의 모신母神이란 뜻이다.

제대한 다음 해였다. 산에서 만난 선배가 에베레스트 등반을 제안했다. 군 입대 전 설악산의 험봉을 숱하게 경험했고, 혹독한 해군 UDT 훈련까지 마친 엄홍길에겐 두려울 것이 없었다. 제아무리 높다 해도 그동안 수없이 오르내린 도봉산(739미터)을 열 번쯤 올라가면 되는 높이라 생각했다. 엄홍길은 망설임 없이 그러마고 했다.

1985년 겨울 엄홍길은 처음으로 해외 원정을 떠났다. 고소와 악천후, 혹한에 시달리다 7700미터 부근에서 후퇴했다. 산에서 경험한 최초의 패배였다. 의지만으로 넘어설 수 없는 한계가 있다는 것을 처음 알았다. 그럴수록 미지에 대한 동경과 열정, 한계를 극복하고 싶은 마음은 커졌다.

1986년 겨울 다시 도전했다. 정상을 목전에 두고 사고가 발생했다. 네팔인 셰르파가 실족해 목숨을 잃었다. 결혼한 지 넉 달밖에 안 된 22살 청년이었다. 자신을 돕던 셰르파의 죽음을 뒤로하고 정상을 향해 발을 옮길 수는 없었다. 엄홍길은 8300미터 부근에서 돌아섰다. 한국으로 돌아오는 비행기 안에서 다시는 히말라야에 오지 않겠다고 다짐했다. 남들처럼 직장을 다니고 아이를 키우며 평범하게 살기로 마음먹었다.

계절이 몇 번 바뀌었다. 언제나 그러하듯 시간이 상처 입은 마음을 보듬었다. 셰르파를 잃은 슬픔도 차차 무디어졌다. 그는 다시 히말라야를 꿈꾸고 있었다.

1988년 여름 다시 히말라야로 향했다. 대한산악연맹은 88올림픽을 기념해 에베레스트 정복을 계획했다. 전국 각지의 뛰어난 산악인들이 선발되었다. 엄홍길도 그중 하나였다. 엄홍길은 가장 먼저 마지막 캠프를 출발했다. 정상에 가까워지자 숨을 제대로 쉴 수 없었다. 눈앞이 노래지고 정신이 혼미했다. 비틀거리며 계속 전진했다. 얼마나 걸었을까. 더 이상 오를 곳이 없었다. 멀리 티베트 고원이 펼쳐졌다. 세 번 도전한 끝에 엄홍길은 에베레스트 정상에 올랐다.

초오유 CHO OYU 8201m
네팔과 중국의 국경에 있다. 에베레스트 산에서 북서쪽으로 28킬로미터 떨어져 있다.

에베레스트 등정 이후 8000미터 고산 등반에 자신이 붙었다. 못 오를 산이 없다고 생각했다. 유일한 걱정거리라면 수백에서 수천만 원에 달하는 원정 비용을 마련하는 일이었다. 히말라야 원정에는 보통 두 달이 소요된다. 식비와 인건비가 만만치 않게 든다. 게다가 입산료도 내야 한다. 산마다 다르지만 한 사람당 1000~1500만 원이다.

세계 최고봉 등정자라는 훈장을 달고 후원을 받기 위해 여러 기업의 문을 두드렸지만 번번이 거절당했다. 딱 한 번 만난 사람까지 찾아가 구걸하다시피 경비를 마련해야 했다. 8000미터에서 생사를 넘나드는 일보다 더욱 피를 말리는 과정이었다. 겨우 돈을 장만해 1989년부터 1993년까지 여섯 번 원정을 떠났다. 그러나 한 번도 정상을 밟지 못했다.

1993년 가을 엄홍길은 일곱 번째 도전에 나섰다. 원정 목표는 초오유였다. 당시 원정대는 적은 인원이 단기간에 정상을 공격하는 알파인 스타일로 꾸려졌다. 천천히 캠프를 전진시키는 극지법에 비해 비용과 기간이 적게 드는 대신 대원 개개인의 역량이 중요해야 했다. 아홉 명의 대원들은 각자 맡은 역할을 충실히 수행했다. 팀워크는 최상이었다.

사실 엄홍길의 초오유 등반은 이번이 처음이 아니었다. 1991년 가을에 이미 한번 실패를 겪었다. 당시엔 7800미터 부근에서 후퇴했다. 등반 직전에 먹은 음식이 탈이 나서 배탈과 설사에 시달렸다. 체력과 정신력이 성해도 어려운 판국에 몸 상태가 엉망이었으니 결과는 불 보듯 뻔했다. 정상 공격도 해보지 못하고 후퇴할 수밖에 없었다.

이번에는 작은 부분까지 세심히 챙겼다. 덕분에 계획대로 착착 진행되었다. 초오유는 7000미터 이후 500미터 구간이 가장 험난하다. 특히 남동벽의 얼음 사면이 성패의 열쇠다. 그 이후부턴 플래토(평평한 지형)가 펼쳐진다. 얼음 사면을 지나 플래토에 다다랐을 때 엄홍길은 성공을 예감했다. 그러나 방심은 금물이었다. 조급한 마음을 누르고 마지막 한 발까지 조심스레 내딛었다. 오랜 실패와 좌절 끝에 엄홍길은 정상에 섰다.

시샤팡마 SHISHA PANGMA 8027m

중국 티베트에 있다. 14좌 중 가장 낮고, 중국의 입산 통제로 가장 늦게 등정되었다.

초오유 등정의 기쁨을 누릴 여유도 없이 곧바로 시샤팡마 연속 등정에 나섰다. 시샤팡마 역시 이번이 두 번째 도전이었다.

2년 전 가을 엄홍길이 속한 원정대는 2개조로 나누어 정상에 접근했다. 정상 공격을 앞두고 베이스캠프에서 후퇴 명령이 날아왔다. 다른 조에 속한 대원들이 정상에 먼저 올랐다고 했다. 엄홍길은 무전기에 대고 외쳤다.

"정상 공격의 기회를 달라. 날씨도 좋고 체력도 문제없다."

그러나 괜한 위험 부담을 떠안을 필요가 없었던 원정대장은 명령을 철회하지 않았다. 이때의 경험으로 엄홍길은 훗날 원정대장이 되어도 정상에 오르고자 하는 대원들의 의견을 최대한 존중한다. 산을 오르거나 포기하는 것은 순전히 개인의 선택이기 때문이다.

1993년 가을 엄홍길은 박병태, 민경태 대원과 함께 정상 공격에 나섰다. 캠프3, 4를 설치하지 않고 곧바로 정상 공격을 감행했다. 캠프2를 출발해 다섯 시간쯤 걸었다. 키 높이까지 쌓인 눈을 번갈아 가면서 헤쳐 나갔다. 얼마 가지도 못했는데 해가 지고 있었다. 셋은 피켈로 눈을 파헤쳐 설동을 만들고 웅크려 잠을 청했다. 깨어나니 달이 떠 있었다. 다시 눈 속에 길을 내며 계속 타아갔다. 고작 100미터밖에 올라오지 못했는데 바람이 거세져 다시 설동을 팠다. 이번엔 각자 하나씩 팠다. 박병태는 처음 팠던 설동으로 후퇴했다.

날이 밝았다. 후퇴한 박병태가 다시 올라왔지만 하산하겠다고 했다. 이제 남은 인원은 둘. 다시 정상을 향해 전진했다. 촛대봉을 지나 마침내 시샤팡마의 주봉에 올랐다. 사진을 촬영한 뒤 수직 설벽을 타고 48시간 만에 캠프2로 귀환했다. 발이 퉁퉁 부어 움직이기 힘들었다. 날이 밝은 뒤 도착한 베이스캠프에는 먼저 하산한 박병태가 보이지 않았다.

한국으로 돌아와 동상이 재발한 오른발에 허벅지 안쪽 살을 떼어 넣는 수술을 받았다. 엄홍길은 병상에서 내내 울었다.

마칼루 MAKALU 8463m

검은색 화강암으로 이루어져 다른 봉보다 검게 보인다. '검은 귀신'이라 불리기도 한다.

엄홍길은 1990년부터 1995년 초까지 몇 차례의 원정 등반에서 스페인의 세계적인 산악인 후아니토 오아르자발과 마주쳤다. 그런 인연 때문인지 1995년 봄 후아니토는 마칼루 등반에 엄홍길을 초대했다. 왕복 비행기 표와 개인 장비만 가지고 오라고 했다. 해외 원정에 있어 가장 어려운 일은 히말라야의 날씨, 산소 부족, 등반 기술이 아니다. 원정 비용을 마련하는 일이다. 언어와 문화가 다른 외국 산악인들과의 원정이 쉬운 일은 아니었지만 거절할 수 없었다. 엄홍길은 곧바로 네팔로 향했다.

후아니토의 원정대는 엄홍길을 포함해 다섯 명이었다. 전진 캠프를 베이스캠프로 삼고 루트 개척에 나섰다. 대규모 원정대처럼 단계별로 진행하지 않고 속전속결로 밀어붙였다. 캠프4에 도착했을 때 몸을 날려 버릴 정도의 강풍이 몰아쳐 일단 후퇴하기로 했다. 이틀 뒤 다시 캠프4에 올라갔다. 정상 공격에 필요한 식량과 장비를 넣어 둔 텐트를 찾을 수 없었다. 강풍에 날아간 모양이었다.

엄홍길 일행은 결단을 내렸다. 이대로 내려간다면 다시는 정상 공격의 기회가 찾아오지 않을지도 몰랐다. 누가 먼저랄 것도 없이 설사면을 가로질렀다. 정상을 향해 이동하던 중 두 명으로 이루어진 오스트레일리아 등반대를 만났다. 그들에게 사정해 그들의 2~3인용 텐트를 함께 쓰기로 했다. 빌붙은 형편인 엄홍길 일행은 겨우 엉덩이만 바닥에 붙이고 포개어 앉았다. 서로의 사타구니에 엉덩이를 밀착시키고 앉은 채로 칼바람을 피했다. 그런 자세로 저녁부터 새벽까지 보냈다. 다리 감각이 마비돼 한숨도 자지 못했다.

날이 밝았다. 새벽에 오스트레일리아 팀이 먼저 정상을 향해 떠났다. 30분 뒤 엄홍길 일행도 정상으로 출발했다. 눈과 얼음으로 뒤덮인 산등성이를 따라 12시간을 걸었다. 그리고 마침내 '검은 귀신' 마칼루의 정상에 올랐다. 한편 오스트레일리아 원정대 중 한 명이 설사면에서 실종되었다. 낭떠러지 옆에 등산화 한 짝이 나뒹굴고 있었다.

브로드피크 BROAD PEAK 8047m

중국과 파키스탄의 국경 지대에 있다. 세계 제2봉 K2 맞은편에 있어 한때 K3로도 불렸다.

마칼루를 내려와 카트만두의 술집에서 외국 산악인들을 만났다. 그들 중 하나가 물었다. "한국인 중에 8000미터 봉을 제일 많이 오른 사람이 누구냐? 몇 개나 올랐냐?" 은근히 무시하는 언사에 화가 났지만 8000미터 봉우리를 고작 네 개 오른 엄홍길은 대꾸할 수 없었다. 당시 세계 산악계에서 한국의 위상은 형편없이 낮았다. 등반이 기록 경쟁은 아니라지만 한국이 대접을 받으려면 가시적인 성과를 내는 수밖에 없었다. 엄홍길은 처음으로 14좌 완등을 목표로 삼았다.

1995년 여름 엄홍길은 후아니토와 또 다시 원정에 나섰다. 원정대는 엄홍길을 포함해 총네 명이었다. 이번에도 역시 항공권과 개인 장비만 가져오면 되었다. 비용도 비용이지만 그만한 등반 파트너를 만나는 것도 쉽지 않기에 흔쾌히 응했다.

베이스캠프에서 캠프3까지는 큰 문제가 없었다. 여세를 몰아 정상 공격에 들어갔다. 정상까지 가려면 경사 60~70도의 설사면을 통과한 뒤 가파른 능선을 타고 오르내려야 했다. 그런데 설사면에서 허리 높이까지 쌓인 눈밭을 헤치다가 체력을 모두 소진했다. 진퇴를 고민하다가 비바크를 하기로 하고 근처에 작은 텐트를 세웠다.

날이 밝았다. 전날 돌파하지 못했던 설사면을 기어이 빠져나와 능선에 올랐다. 여기서부터는 조금만 발을 헛디뎌도 바로 천길 낭떠러지였다. 조심스레 발걸음을 옮긴 끝에 정상에 도착했다. 이제는 하산이 문제였다. 능선 길을 다시 한 번 통과해야 했다. 내리막 설사면에 이르렀을 때 짙은 안개가 끼기 시작했다. 길은 흔적조차 보이지 않았다.

엄홍길은 본능적으로 텐트가 있던 자리로 향했다. 그런데 뒤따라오던 후아니토가 방향을 잘못 잡았다. 수십 미터만 더 직진하면 바로 낭떠러지였다. 엄홍길은 소리쳤다. 소리를 들었는지 후아니토가 이내 방향을 꺾었다. 그렇게 14시간을 걸어 그들은 다시 텐트로 돌아왔다. 넷은 끌어안으며 기쁨을 나누었다.

로체 LHO TSE 8516m

에베레스트에서 3킬로미터 떨어져 있다. 로체 남벽은 히말라야 최고난도의 난벽이다.

브로드피트 등정에 성공하고 두 달 뒤 로체 등반에 도전했다. 이번에도 후아니토와 함께였다. 이번에는 셰르파의 도움을 받지 않고 총 세 명이서 등반에 나섰다. 지난 두 번의 경험을 통해 그만한 인원으로도 충분히 성공할 수 있다고 판단했다. 게다가 초미니 원정대는 비용과 기동성 면에서 훨씬 유리했다.

1995년 가을 엄홍길은 네팔 카트만두에서 후아니토 일행을 만났다. 그리고 로체 공략에 돌입했다. 6400미터 지점에 캠프1을 구축하고, 캠프1과 7500미터 지점에 있는 캠프2 사이에 600여 미터에 이르는 고정로프를 깔았다. 모든 준비를 마치고 베이스캠프로 내려와 체력을 회복한 일행은 빠르게 정상 공격에 나섰다. 캠프1에 도착한 다음 날 바로 캠프2에 진입했다.

캠프2를 출발해 정상 공격에 나섰다. 이동 속도를 높이기 위해 배낭 무게를 줄였다. 며칠 사이 폭설이 내려 무릎까지 눈이 쌓였다. 눈밭을 헤치며 한참을 걸었다. 설사면 끝에 30미터 높이의 벽이 솟아 있었다. 그 벽만 넘으면 정상이었다. 그런데 갑자기 1993년 시샤팡마에서 동상에 걸렸던 오른쪽 엄지발가락이 이상했다. 정상 턱밑에서 돌아갈 수는 없었다. 엄홍길은 발가락 통증은 잠시 잊고 벽을 기어올랐다. 그리고 로체 정상에 발을 디뎠다.

로체 정상은 매우 좁았고 바람도 거세 오래 머무를 수 없었다. 금세 내려와 캠프2로 향했다. 설사면에 이르렀을 때 엄홍길은 고민했다. 조심히 내려가자니 통증이 심한 오른발 때문에 도중에 걸을 수 없게 될지 몰랐다. 엄홍길은 가장 빠른 하산 방법인 글리세이딩(눈의 경사면을 활강하듯 내려가는 동작)으로 내려갔다. 8000미터 고산에서 아무런 안전장치 없이 목숨을 건 글리세이딩을 시도한 끝에 캠프2에 도착했다. 이튿날에는 세 명의 몸에 50미터 길이의 로프를 묶고 함께 내려왔다. 캠프1에 도착하고 나서야 살아 있다는 것을 실감할 수 있었다.

다울라기리 DHAULAGIRI 8167m
네팔 최고봉이자 세계 제7봉이다. 산스크리트 어로 흰 산이란 뜻이다.

1996년 봄 대원 다섯 명과 셰르파 셋을 이끌고 다울라기리로 향했다. 베이스캠프에 도착한 뒤 곧바로 루트 개척에 돌입했다. 설사면에 고정로프를 400여 미터 깔고 5900미터 지점에 캠프1을 설치했다. 날씨가 좋으면 캠프2까지 전진하려 했지만, 안개가 끼고 눈보라가 휘날렸다. 캠프1에 짐을 부리고 베이스캠프로 후퇴했다. 이틀 뒤 날씨가 좋아져 다시 등반에 나섰다. 캠프1에 도착해 텐트를 치는 사이 다시 눈이 내렸다. 이틀 뒤 날씨가 개어 캠프2로 올라섰다. 가파른 설사면을 깎아 텐트를 세우고 정상 공격 작전을 구상했다.

새벽 2시에 캠프2를 출발했다. 7300미터 지점에 캠프3을 설치하고 곧바로 정상 공격에 나설 계획이었다. 그러나 상황이 녹록치 않았다. 서 있기조차 어려울 정도로 강풍이 몰아쳤다. 정상은커녕 캠프3까지 가는 것도 무리였다. 1차 공격은 그렇게 수포로 돌아갔다.

베이스캠프에서 며칠을 보낸 뒤 다시 올라갔다. 그사이 내린 눈에 파묻힌 캠프2를 포기하고 곧바로 캠프3을 구축하기로 했다. 어렵사리 캠프3을 구축한 이튿날 새벽, 2차 공격을 시도했다. 그러나 눈이 생각보다 깊이 쌓여 캠프3으로 물러나야 했다.

이튿날 새벽 3시 30분 3차 공격에 나섰다. 그러나 이번에도 강풍과 눈으로 올라온 길을 되돌아갈 수밖에 없었다. 욕심을 부려서 계속 전진할 수도 있었지만 무사히 하산한다는 보장이 없었기에 베이스캠프로 돌아왔다.

마지막이라는 각오로 4차 공격을 감행했다. 캠프3 위쪽으로 최대한 전진해 캠프를 하나 더 세우기로 했다. 눈길을 헤쳐 가며 세 시간을 걸어 도착한 7700미터 지점에 텐트를 치고 눈을 붙였다. 눈을 떴을 때는 자정이 지난 시각이었다. 달빛 아래 엄홍길은 정상을 향해 나섰다. 경사 60~70도의 설사면을 지나자 500여 미터에 이르는 바위 지대가 나타났다. 피켈을 박을 수도 없어 최대한 조심스럽게 발걸음을 옮겼다. 오후 1시 마침내 엄홍길은 정상에 올랐다. 14좌 완등의 반환점인 7개 봉우리에 오르는 순간이었다.

마나슬루 MANASLU 8163m

세계 제8봉이다. 산스크리트 어로 '영혼의 산'이라는 뜻이다.

다울라기리 등정에 성공하고 한국에 돌아왔다. 그사이 '엄홍길 히말라야 14좌 완등 추진 위원회'가 발족해 있었다. 이한동 국무총리가 위원장을 맡고 사회 각계 저명인사들이 위원 으로 참여했다. 이제 원정 비용 걱정 없이 등반에 나설 수 있게 되었다.

완등 추진위원회가 발족한 1996년 가을 엄홍길은 마나슬루로 떠났다. 당시 마나슬루 등 정에는 처음으로 KBS 카메라맨이 따라붙었다. 엄홍길은 5500미터, 6500미터, 7500미 터에 각각 캠프1, 2, 3을 구축하고 정상 공격에 나설 계획이다. 강풍과 눈보라가 몰아치 는 기상 상황 속에서도 캠프1을 구축했고, 사흘 뒤에는 허벅지까지 빠지는 눈을 헤치고 캠 프2를 구축했다.

캠프2에서 캠프3까지는 허리까지 눈이 쌓여 있었다. 고작 몇 미터를 전진하는 데도 온 힘 을 다해야 했다. 시간을 단축하기 위해 대개는 우회하는 설사면을 가로지르고 있을 때 갑 자기 쩍 소리가 나면서 판상 눈사태가 일어났다. 같이 오르던 셰르파가 눈더미에 휩쓸렸지 만 다행히 근처를 지나던 일본 원정대에 구조되었다. 겁에 질린 셰르파를 다독여 가며 눈 사태가 발생한 지역을 다시 밟고 올라간 끝에 무사히 캠프3을 구축할 수 있었다.

캠프3을 구축한 뒤 베이스캠프로 내려와 휴식을 취했다. 정상 공격에 최적인 날짜를 골랐 다. 10월이 되면 티베트 쪽에서 강풍이 불어온다는 셰르파의 의견을 반영해 보름달이 뜨 는 9월 27일로 정상 공격을 예정했다. 9월 26일 오전 8시, 캠프2를 출발한 엄홍길 일행 은 7시간 동안 설사면을 넘고 설빙벽을 통과해 캠프3에 도착했다. 잠시 눈을 붙였다가 자 정께 일어났다. 날씨를 살피다가 새벽 3시에 정상 공격에 나섰다. 대원들은 고소 증세가 있어 텐트에 남았다. 엄홍길은 허리까지 쌓인 눈을 뚫고 정상에 올랐다.

엄홍길이 등정에 성공하고 베이스캠프를 빠져나온 이틀 뒤 적설량 1미터가 넘는 폭설이 내려 모든 국가의 원정대가 등반을 중단했다.

052

가셔브룸 1 GASHERBRUM 1 8068m

'아름다운 산'이라는 뜻이다. 가셔브룸 산군에는 7000미터 봉우리가 수십 개에 달한다.

엄홍길은 1993년 가을 초오유부터 1996년 가을 마나슬루까지 7번 도전해 7번 모두 성공했다. 유례없는 성공 행진이었다. 그러나 1996년 겨울과 1997년 봄 안나푸르나, 1997년 봄 칸첸중가까지 3번 연속 실패했다. 실의에 빠져 있을 무렵 스페인 산악인 후아니토에게 연락이 왔다. 가셔브룸 1봉을 같이 등반하자는 제안이었다. 슬럼프를 탈출할 절호의 기회였다. 이번에도 역시 속전속결의 알파인 스타일이었다.

엄홍길과 후아니토는 단둘이 등정하기로 했다. 심지어 셰르파도 고용하지 않았다. 대신 둘은 파키스탄 이슬라마바드의 트레킹 회사를 찾았다. 적당한 비용을 지불하고 베이스캠프에 도착할 때까지 숙식을 제공받고, 베이스캠프에서도 그들이 설치한 텐트를 쓰기로 했다. 1997년 여름 베이스캠프에 진입한 이틀 뒤부터 등반이 시작됐다. 셰르파나 포터를 고용하지 않았기 때문에 베이스캠프와 캠프1, 캠프1과 캠프2를 오르락내리락하며 옮겨야 할 장비와 식량이 많았다. 가셔브룸 1봉은 여름 시즌에만 등반 허가를 내주었기 때문에 다른 원정대도 많았다. 둘은 다른 팀에서 설치한 고정로프를 이용해 생각보다 손쉽게 캠프2까지 이동할 수 있었다. 날씨도 괜찮은 편이었다.

캠프2에 장비와 식량을 저장하고 베이스캠프로 돌아온 며칠 뒤 캠프2로 올라갔다. 하루를 쉬고 바로 캠프3까지 전진했다. 캠프3에 도착했을 때 텐트를 칠 만한 장소에는 이미 다른 팀 텐트가 설치되어 있었다. 그만큼 산악인이 몰리는 시기였다. 조금 더 위쪽으로 올라가 그나마 바람이 덜 부는 곳에 텐트를 세우고 정상에 오를 준비를 했다.

이튿날 새벽 둘은 서둘러 출발할 채비를 했다. 그런데 갑자기 날씨가 악화되었다. 맵찬 눈보라가 몰아쳤다. 뭔가 불길한 예감이 들었다. 그날은 캠프3에서 날씨가 좋아지기를 기다렸다. 이튿날 새벽 거짓말처럼 날씨가 개었다. 다른 나라의 등반대원들이 정상에 닿았을 때 둘은 이미 카메라 셔터를 누르고 있었다.

가셔브룸 2 GASHERBRUM 2 8035m

중국 신장웨이우얼 자치구와 파키스탄의 경계에 있다. 가셔브룸 1봉과 5.5킬로미터 떨어져 있다.

후아니토와 가셔브룸 1봉 등반을 마치고 베이스캠프에 안착했다. 내친김에 예정에 없던 가셔브룸 2봉에 도전하기로 했다. 몸 상태도 나쁘지 않았고, 기회가 왔을 때 끝내야겠다는 생각이 들었다. 이틀 뒤 엄홍길은 단독 등정에 나섰다. 14좌 완등을 목표로 하고 있던 후아니토는 이미 가셔브룸 2봉을 등정했기에 굳이 다시 오를 필요가 없었다.

가셔브룸 1봉과 2봉은 베이스캠프에서 캠프1까지는 루트가 같다. 캠프1에서 오른쪽으로 꺾으면 1봉, 왼쪽으로 꺾으면 2봉이다. 베이스캠프를 떠나 캠프1에 도착한 엄홍길은 왼쪽 길로 접어들었다.

엄홍길은 서두르지 않고 천천히 걸었다. 따라갈 사람도 없고 뒤따르는 사람도 없으니 서두를 이유가 없었다. 만에 하나라도 가다가 힘이 빠지면 비바크를 하면 그만이었다. 엄홍길은 8000미터 봉우리 등반 중 이때를 가장 홀가분하게 등반한 경험으로 꼽는다.

날이 저물고 달이 차올랐다. 고요한 능선이 한눈에 들어왔다. 쏟아지는 별들을 바라보며 발걸음을 옮겼다. 자정 무렵 캠프2에 도착했다. 마침 우리나라 대학산악연맹이 그곳에 있었다. 대부분 아는 사이라 그들의 텐트에 들어가 눈을 붙였다.

이튿날 일어나 캠프3을 향해 떠났다. 역시 천천히 걸었다. 정상까지 등반 루트가 뚫려 있다는 점도 마음을 한결 편안하게 했다. 오후 늦게 도착한 캠프3에서 휴식을 취한 뒤, 이튿날 새벽 정상을 향해 출발했다. 두어 시간이면 닿을 거리였다. 평평한 지대에 올라서자 그곳이 정상이었다. 사진을 촬영하고 있는데 어젯밤 같이 묵었던 대학산악연맹 대원들이 올라오기 시작했다. 그들과 포옹하고 하산을 서둘렀다. 급할 것은 없었지만 서두른다면 그날 안에 베이스캠프까지 갈 수 있을 것 같았다.

가셔브룸 1봉을 오르고 2박 3일 만에 2봉을 올랐다. 히말라야 14좌 완등까지 남은 봉우리는 네 개였다.

안나푸르나 ANNAPURNA 8091m

1950년 모리스 에르조의 프랑스 원정대가 초등했다. 8000미터 이상 고봉 등정은 이때가 최초였다.

가장 등정하기 어려웠던 산이다. 4전 5기 만에 성공했다. 1989년 겨울과 1996년 겨울, 눈사태와 강풍을 만나 7800미터 지점에서 후퇴했다. 1997년 봄에는 함께 등반하던 셰르파가 히든 크레바스에 빠져 숨졌다. 죽은 셰르파를 대신해 정상에 올라야 한다는 생각으로 다시 등정에 나섰지만 눈바람을 만나 후퇴를 결정했다.

1998년 봄 안나푸르나에 네 번째로 도전했다. 전진 캠프와 캠프2, 캠프3을 수차례 오르 내리며 로프를 1200여 미터나 깔았다. 마지막 캠프 직전인 7600미터 지점에서 셰르파가 실족해 굴러떨어졌다. 셰르파의 허리에 묶인 로프를 낚아챈 엄홍길도 한참을 굴렀다. 얼음 턱에 부딪혀 목숨은 건졌지만 오른쪽 발목이 180도 돌아갔다. 발목뼈와 종아리뼈, 쇄골이 부러진 상태로 엉덩이를 바닥에 붙이고 눈밭을 72시간 동안 기어서 내려왔다. 한국으로 긴급 후송되어 수술을 받았다. 재활에만 1년이 걸렸다.

1999년 후아니토가 안나푸르나 등정을 제안했다. 안나푸르나는 후아니토의 14좌 완등의 마지막 봉우리였다. 엄홍길은 그러마고 하면서 후배 산악인 지현옥을 대동하게 해 달라고 부탁했다. 비용 문제로 어려움을 겪는 후배에게 기회를 주고 싶었다. 그렇게 해서 1999년 봄 그들은 안나푸르나를 향해 떠나게 되었다.

다섯 번째 등반 역시 만만치 않았다. 루트 개척 작업을 마치고 나흘 뒤 새벽 3시 30분, 마 지막 캠프를 나섰다. 엄홍길은 안나푸르나의 정상을 허락해 달라고 마음속으로 빌며 정상 을 향해 속도를 냈다. 정오를 조금 지났을 때 더 이상 오를 곳이 없었다. 정상이었다.

하산하는 길에 뒤처졌던 지현옥을 만났다. 무전기를 건네며 정상에 도착하면 무전을 보내 라 일렀다. 캠프에 도착해서 눈을 붙였다. 일어나니 오후 7시. 베이스캠프에서는 지현옥이 정상에 올랐다는 교신 후 소식이 끊겼다는 무전이 왔다. 그렇게 또 한 명의 동료를 잃었다. 베이스캠프에 도착하자 맑은 하늘이 갑자기 어두워지더니 눈발이 휘몰아쳤다.

057

낭가파르바트 NANGA PARBAT 8125m

지형이 가팔라 등반 사고가 잦은 산이다. 1937년에는 눈사태로 독일 원정대 16명이 사망했다.

1999년 봄 안나푸르나 등정에 성공하고 귀국한 엄홍길은 같은 해 여름 낭가파르바트로 향했다. 낭가파르바트는 이번이 세 번째 도전이었다.

1990년 여름에는 7700미터 지점에서 악천후로 후퇴했다. 두 번째 도전은 1992년 여름이었다. 후배 대원 두 명을 이끌고 캠프4 근처까지 진격했다. 기상이 악화되었지만 어떻게든 정상을 밟고 싶었던 엄홍길은 혼자 정상 공격에 나섰다. 눈 속을 헤치며 걷다 보니 발가락에 감각이 없었다. 결국 올라온 길을 되짚어 내려갔다. 그사이 캠프에 남아 있던 후배들의 몸 상태가 악화되어 있었다. 고소 증세로 하반신이 마비된 후배 대원의 몸에 로프를 묶고 캠프2로 내려갔다. 하산 도중에 만난 외국 등반대의 텐트에서 발가락을 살피니 오른쪽 엄지와 두 번째 발가락이 동상에 걸려 검게 변하고 있었다.

이튿날 엄홍길은 부풀어 오른 발을 등산화에 우겨 넣고 하산을 재개했다. 쉬지 않고 계속 내려갔다. 발이 썩어 들어가고 있기에 조금도 지체할 수 없었다. 이틀이 지나서야 차량 이용이 가능한 마을에 도착할 수 있었다. 현지의 열악한 의료 시설을 믿을 수 없었던 엄홍길은 즉시 귀국해 동상에 걸린 오른쪽 엄지발가락 한 마디와 두 번째 발가락 일부를 잘랐다. 다행히 계속 걸을 수는 있었지만 이 부상은 두고두고 엄홍길을 괴롭히게 된다.

1999년 여름 세 번째로 낭가파르바트에 도전했다. 캠프를 몇 번 오르내린 끝에 캠프4보다 조금 더 위 지점에 마지막 캠프를 설치할 수 있었다. 잠깐 눈을 붙이고 다음 날 새벽 4시 정상 공격에 나섰다. 정상 부근은 허리 높이까지 눈이 차 있었다. 그러나 후퇴할 수는 없었다. 암벽을 타고 정상에 올랐을 때는 오후 7시 25분이었다. 하산하는 시간을 감안한다면 위험한 시간대였다. 이내 앞이 깜깜해 아무것도 보이지 않았다. 마지막 캠프로 돌아가기를 포기하고 눈을 파헤쳐 구덩이를 만들고 잠깐 쉬었다. 서너 시간이 지나자 해가 떠올랐다. 다시 출발해 캠프2에 도착했을 때는 저녁 8시가 넘어 있었다.

칸첸중가 KANGCHEN JUNGA 8586m

네팔과 인도의 국경에 있는 세계 제3봉이다. 5개의 봉우리가 있는데 3개가 8000미터 이상이다.

2000년 봄 칸첸중가에 도전했다. 이번이 세 번째였다. 1997년 봄 첫 도전에서는 악천후를 만나 정상을 200미터 앞두고 후퇴했다. 두 번째 도전은 히말라야 등반 사상 최초로 KBS 생중계가 실시된 1999년 가을이었다. 폭설과 눈사태로 대원과 기자가 각각 1명씩 목숨을 잃었다.

세 번째로 떠난 칸첸중가 원정에는 박무택을 비롯한 대원 세 명과 셰르파 다와가 참가했다. 설빙을 오르다가 셰르파 다와가 낙빙에 맞아 숨졌다. 이제껏 많은 원정을 함께한 분신과도 같은 셰르파였다. 엄홍길은 열흘 이상 베이스캠프의 텐트에 틀어박혀 꼼짝도 하지 않았다. 그러다가 다른 나라 원정대의 정상 정복 소식을 들었다. 그들은 엄홍길 팀이 깔아 놓은 로프를 이용해 비교적 손쉽게 정상에 올랐다. 다와가 죽은 지 보름째 되던 날, 엄홍길은 박무택 대원, KBS 정하영 카메라맨과 함께 베이스캠프를 출발했다.

사흘 뒤 7800미터 지점에 있는 마지막 캠프에 닿았다. 잠시 눈을 붙인 뒤 새벽 2시에 일어나 정상을 향해 떠났다. 허벅지까지 쌓인 눈을 헤치며 18시간 동안 사투를 벌였지만 좀처럼 거리가 좁혀지지 않았다. 날이 어두워지고 있었다. 엄홍길은 8500미터 지점에서 비바크를 결정했다. 경사 60도의 얼음 사면에서 밤을 보내기로 했다. 기온은 영하 20도를 밑돌았다. 낭떠러지 위에 몸을 웅크리고 잠을 청했다. 잠이 올 리 없었다. 여기서 죽는구나 싶어서 마음속으로 유서를 썼다. 설핏 잠이 들었다가 어느 순간 눈을 떴다. 여명이 밝아 오고 있었다. 엄마의 자궁 속에 있는 듯 따스한 햇빛이었다.

"무택아, 살아 있냐?"

박무택이 몸을 부르르 떨며 일어났다. 둘은 다시 걸었다. 남은 고도는 180미터. 가다 서다를 반복하며 정상으로 나아갔다. 1시간 30분 뒤 둘은 정상을 밟았다. 숨진 동료들의 얼굴이 하나둘씩 떠올랐다. 그들의 사진을 태극기로 감싼 뒤 정상에 묻었다.

케이투 K2 8611m

에베레스트에 이은 세계 제2봉이다. 험하기로 유명해 '산 중의 제왕'으로 불린다.

칸첸중가 등정에 성공하면서 이제 14좌 완등까지 한 봉우리가 남았다. 바로 '산 중의 제왕'이라는 K2였다. K2봉은 히말라야의 최고봉 에베레스트(8848m)보다 낮지만 난이도는 오히려 앞선다. 2000년 봄 칸첸중가 원정에서 돌아온 지 한 달도 되지 않아 엄홍길은 K2로 떠났다. 성공한다면 세계 8번째로 14좌 완등에 성공하는 것이었다.

베이스캠프에 도착해서 루트 개척을 시작했다. 6750미터 지점인 캠프2에 올라갔다가 베이스캠프로 후퇴했다. 강풍과 눈보라가 심했다. 악천후는 이어졌다. 등반을 계속할 것인지, 철수할 것인지의 기로에 놓였다. 이번에 철수한다면 K2 등반은 내년으로 미뤄야 했다. 날씨는 오락가락했다. 잠깐씩 개는 틈을 타서 루트 개척을 계속했다. 엄홍길은 기회를 보다가 베이스캠프를 나섰다. 마지막 캠프에 이를 때까지 다행히 날이 맑았다. 캠프2에서 캠프3으로 이동하는 구간에 있는 난코스 '블랙 피라미드' 구간을 지나 8000미터 지점인 마지막 캠프에 도착했다. 정상 공격 시점은 이튿날 새벽으로 잡았다.

새벽 1시 텐트 밖을 나섰다. 마지막 텐트에서 정상까지는 통상적으로 10시간이 걸린다. 유한규, 한왕용, 박무택, 모상현 대원과 함께 올랐다. 어둠을 가르며 한 발씩 옮기기를 몇 시간. 어느새 정상 직전의 50미터 높이 설벽이 눈앞에 들어왔다. 엄홍길은 피켈을 강하게 찍으며 비탈을 올랐다. 히말라야 14좌를 오르는 동안의 수많은 기억들이 머리를 스쳤다. 산이란 무엇인가. 왜 산을 오르는가. 끝없이 자문하며 올라갔다. 어느 순간 박수 소리가 들렸다. 고개를 들자 허공이었다. 마침내 K2 정상에 도착한 것이다. 지난 세월 함께 등반하다가 목숨을 잃은 여덟 명의 동료들이 떠올랐다. 엄홍길은 정상에 엎드려 울었다.

"드디어 해냈구나. 히말라야 14좌를 완등했구나."

엄홍길은 숨진 동료들의 사진을 성경책과 함께 눈 속에 파묻었다. 그리고 배낭 속의 태극기를 꺼냈다.

얄룽캉 YALUNG KANG 8505m
칸첸중가의 서봉이다. 독립봉의 자격을 갖추었지만 아직 위성봉으로 여겨진다.

2000년 7월 31일 엄홍길은 히말라야 8000미터 14좌 완등을 달성했다. 이로써 1986년 이탈리아의 전설적 산악인 라인홀트 메스너 이래 아시아에서 최초로, 전 세계에서 8번째로 히말라야 14좌를 완등한 산악인이 되었다. 1985년 에베레스트 원정을 시작으로 15년간 숱한 실패를 딛고 산에 오른 결과였다.

기쁨은 잠시였다. 14좌 완등 이후 허탈감이 찾아왔다. 우리 나이로 41세. 인생의 목표를 이루고 퇴장하기엔 너무 일렀다. 술독에 빠져 지내는 날들이 이어졌다. 술자리에서 등반 도중 목숨을 잃은 동료들이 떠올라 펑펑 울었다. 그렇게 몇 달을 방황했다. 노모의 조언으로 절에서 천도재를 올려 먼저 떠난 동료들의 넋을 위로했다. 마음이 한결 나았다. 모산인 원도봉산에 오르며 마음을 다잡았다. 엄홍길은 새로운 목표를 세웠다. 세계 최초로 히말라야 8000미터 16좌를 완등하기로 했다. 얄룽캉과 로체샤르는 8000미터가 넘고 독립봉의 자격이 충분하지만 위성봉으로 분류되고 있었다.

2004년 봄 엄홍길은 원정대를 이끌고 얄룽캉 등정에 나섰다. 베이스캠프에 도착하고 한 달, 공격과 후퇴를 반복하며 7300미터 지점의 캠프3까지 올라섰다. 날씨는 맑았지만 바람이 거셌다. 텐트를 날려 버릴 기세로 밤새 바람이 휘몰아쳤다. 베이스캠프의 무전에 따르면 제트기류가 형성된 탓이었다. 다행히 이틀 뒤부터는 잠잠해질 것이란 말도 있었다. 엄홍길은 캠프3에서 버티기로 했다.

두 평짜리 텐트에서 사흘을 버텼다. 식량이 떨어져 갔다. 바람은 멈추지 않고 계속 불었다. 나흘째 되던 날 아침, 마지막 캠프로 나섰다. 함께했던 대원 둘은 하산을 택했다. 마지막 캠프에 닿았을 때는 셰르파 둘만 남아 있었다. 새벽 3시 30분 마침내 정상 공격을 감행했다. 베이스캠프에 무전을 넣어 라마 제단에 향을 피워 달라고 당부했다. 달빛을 받으며 정상을 향해 걸었다. 오전 11시 40분 엄홍길은 얄룽캉 정상에 서 있었다.

로체샤르 LHOTSE SHAR 8400m

세계 제4봉인 로체의 위성봉이다. 14좌에 속하지 않지만 세계에서 7번째로 높다.

16좌 완등의 마지막 봉우리였다. 로체샤르는 등정 도중 사망할 확률이 50퍼센트에 달하는 험한 산이다. 엄홍길의 도전도 쉽지 않았다. 14좌를 완등한 이듬해인 2001년 봄 엄홍길은 로체샤르에 도전했지만 악천후로 실패했다. 2003년 가을 다시 도전했지만 정상을 150미터 남겨 두고 눈사태를 만났다. 앞서가던 대원 두 명은 200미터의 골짜기에 빨려 들어가 흔적도 없이 사라졌다. 박주훈, 황선덕 대원을 그렇게 잃었다. 2006년 봄에도 눈사태 위험이 있어 정상을 200미터 남기고 돌아서야 했다.

2007년 봄 엄홍길은 다시 로체샤르로 향했다. 크고 작은 눈사태가 수시로 일어나 베이스캠프에 도착한 지 두 달이 지나서야 8060미터 지점에 캠프4를 구축할 수 있었다. 모상현, 변성호 대원이 함께 정상 공격에 나섰다. 새벽 2시에 캠프4를 나서 어둠을 가르고 걸었다. 해가 지기 전에 캠프4로 돌아오려면 정오 즈음엔 정상에 도착해야 했지만, 정오가 되었을 때 정상까지의 거리는 반이나 남아 있었다. 전진과 후퇴의 기로 속에서 엄홍길은 계속 나아가는 길을 택했다. 마침내 저녁 6시 50분 더 이상 올라갈 곳이 없었다. 벌써 보름달이 떠 있었다. 서둘러 사진 몇 장을 찍고 엄홍길 일행은 곧바로 하산했다.

몇 발짝 내려갔을 때 변성호 대원이 갑자기 앞이 안 보인다고 했다. 정상에서 비디오 촬영을 위해 잠깐 고글을 벗었는데 그때 설맹에 걸린 것이었다. 체력이 고갈된 상태에서 설맹에 걸린 대원까지 있으니 앞이 깜깜했다. 엄홍길 일행은 서로를 의지하며 내려갔다. 변성호 대원의 몸에 로프를 묶고 70도의 빙벽에서 끌어 내렸다. 로프를 붙잡고 이를 악물었다. 28시간의 사투 끝에 엄홍길은 이튿날 새벽 5시 30분 캠프4로 귀환했다. 잠깐 눈을 붙이고 일어나니 변 대원의 시력이 돌아와 있었다. 그날 저녁 대원들은 무사히 베이스캠프에 도착했다. 엄홍길은 모두 기적처럼 살아서 내려올 수 있게 해 준 히말라야의 신께 감사하다는 말을 드렸다. 16좌 완등이 마무리되는 순간이었다.

인생의 17좌 HUMAN SCHOOL

인생의 17좌에 오르다. 오직 희망만을 말하며 탱크처럼 돌진하다.

16좌를 완등하기까지 히말라야 8000미터 산에 38번 올랐다. 18번 실패하고 20번 성공했다. 산소마저 희박한 고소에서 매번 살아 내려올 수 있었던 것은 기적이라고밖에 할 수 없었다. 히말라야 산신의 도움이 없었다면 불가능한 일이었다.

엄홍길은 히말라야로부터 받은 은혜에 보답하기 위해 다시 배낭을 꾸렸다. 이번에는 눈 덮인 흰 산이 아니라 인간이라는 산에 오르기로 했다. 히말라야 산간 마을의 교육 환경 개선에 남은 인생을 바치기로 했다. 2008년 5월 엄홍길 휴먼재단을 설립하고, 히말라야 오지를 찾아다니며 학교를 세우고 있다.

2009년 5월 5일 엄홍길은 함께 등반하다가 목숨을 잃은 셰르파 술딤 도로지의 고향인 네팔 팡보체 마을에 초등학교를 세우기 위해 방문했다. 그리고 꼭 1년 만인 2010년 5월 5일 엄홍길 휴먼재단의 첫 번째 학교가 완공되었다. 해발 4060미터에 위치한 세상에서 가장 높은 학교다. 4개의 교실과 마을 회관으로 이용 가능한 강당으로 이뤄져 있다. 이 마을의 아이들 50여 명이 첫 입학생이 되었다. 엄홍길 휴먼재단은 현재까지 14개의 휴먼스쿨을 네팔에 지었다. 16개까지 세울 예정이다.

엄홍길은 네팔에 갈 때마다 함께 산에 올랐던 셰르파들, 운명을 달리한 셰르파들의 유가족들을 만난다. 지금이야 서로 반기며 맞이하지만 처음 유가족을 찾았을 때는 문전박대를 당하기 일쑤였다. 그래도 엄홍길은 그들을 계속 찾아 머리를 숙였다. 시간이 흘러 이제는 유가족들도 엄홍길을 가족처럼 받아들인다.

히말라야 산간 마을에 교육과 의료 시설을 짓는 일이 쉽지는 않겠지만 엄홍길은 포기하지 않을 것이다. 절망은 희망으로 가는 과정이기 때문이다. 고산준령에 오르며 숱한 실패를 겪었지만 기어이 성공했듯, 엄홍길은 절망 속에서 희망을 찾기 위해 탱크처럼 돌진할 것이다. 히말라야 16좌에서 내려온 엄홍길은 이제 인생의 17좌를 오르고 있다. **b**

PERSONAL HISTORY

1960 ─경남 고성 출생(9월 14일)

1973 ─홍암초등학교 졸업

1976 ─의정부중학교 졸업

1979 ─양주고등학교 졸업

1981 ─해군 수중폭파대대(UDT) 입대

1985 ─에베레스트 등정 실패

1986 ─에베레스트 등정 실패

1988 ─에베레스트 등정(8848m)

1989 ─체육훈장 거상장, 안나푸르나 등정 실패

1990 ─낭가파르바트 등정 실패, 에베레스트 등정 실패

1991 ─시샤팡마 등정 실패, 초오유 등정 실패

1992 ─낭가파르바트 등정 실패, 국제 캠프 창설

1993 ─초오유 등정(8201m) 시샤팡마 등정(8027m)

1995 ─마칼루 등정(8463m), 파키스탄 브로드피크 등정(8047m), 로체 등정(8516m)

1996 ─다울라기리(8167m), 마나슬루(8163m) 등정, 체육훈장 맹호장, 안나푸르나 등정 실패

안나푸르나 등정(8091m), 낭가파르바트 등정(8125m), 간첸중가 등정 실패

간첸중가 등정(8586m), K2 등정(8611m), 히말라야 8000m 14좌 완등, 한국 유네스코 서울 협회 선정 '올해의 인물'

로체 등정(8516m), 시샤팡마 등정(8027m), 대한민국 산악대상, 체육훈장 청룡장, 로체샤르 등정 실패

에베레스트 등정(8848m), 해군을 빛낸 에비역 선정

에베레스트 등정(8848m), 《8000m의 희망과 고독》 출간, 로체샤르 등정 실패

얄룽캉 등정(8505m), 트레스티 기술이사

에베레스트 휴먼 원정대 대장(고故 박무택 대원 시신 수습), 에베레스트 등정 실패

한국외국어대학교 중국어과 졸업, 성명대 교양학부 자유전공 석좌 교수, 로체샤르 등정 실패

로체샤르 등정(8400m) 세계 최초 8000m 16좌 완등, 빈슨 매시프 등정(4897m)

엄홍길 휴먼재단 설립, 《꿈을 향해 거침없이 도전하라》 출간, 《뚜벅뚜벅 도전》 출간, 대한산악연맹 이사

한국외국어대학교 대학원 체육교육학과 석사졸업, 《오직 희망만을 말하라》 출간, 제10회 4·19 문화상

경희대 체육대학원 박사 과정 수료, 《내 가슴에 묻은 별》 출간, 대한산악연맹 선정 '산악계를 빛낸 50인'

자랑스런 대한국민 대상

산림청 정책자문위원

《엄홍길 또 다시 히말라야로!》 출간, 영화 〈히말라야〉 개봉

1999
2000
2001
2002
2003
2004
2005
2006
2007
2008
2010
2012
2013
2014
2015

RIVAL
PARK YEONG-SEOK

"도시에 있는 산악인은 야성을 잃은 호랑이죠. 나는 죽는 그날까지 탐험할 것입니다."
엄홍길 대장과 함께 한국을 대표하는 산악인 고故 박영석 대장의 모험을 조명한다.

안나푸르나의 별이 되다

2011년 11월 3일 박영석 원정대의 합동 영결식장에서 박 대장이 베이스캠프에서 마지막으로 남긴 육성이 흘러나왔다.

"동물원에 있는 호랑이, 야성을 잃은 호랑이가 호랑이입니까? 그건 호랑이가 아니에요. 호랑이는 들판을 뛰어다녀야지. 사냥을 하고 그래야 호랑이지. 전 탐험가의 운을 가지고 태어났기 때문에 죽는 그날까지 탐험을 할 것 같아요. 등산을 하고……."

박영석은 스스로 '영혼의 고향'이라 부르던 히말라야에서 신동민, 강기석 대원과 함께 영면했다. 안나푸르나 남벽에 '코리안 루트'를 내기 위해 올라갔다 하산하는 중이었다. 국내 첫 '산악인의 장'으로 엄수된 이날 영결식에는 엄홍길 대장 등 500여 명의 동료 산악인이 참석해 산 사나이들의 넋을 기렸다. 엄 대장은 "안나푸르나의 신이여, 부디 노여워 말고 이들이 편안하게 갈 수 있도록 영혼을 거둬 주소서"라며 주저앉아 울었다.

서울 토박이인 박 대장은 1963년 11월 2일에 태어났다. 누나 네 명을 둔 6남매의 장남이다. 어려서부터 운동에 소질이 있었다. 고등학교 때는 사격부에서 활동했다. 18세 때인 1980년, 히말라야 마나슬루를 등정하고 돌아온 동국대학교 산악부의 카퍼레이드를 보고 산악인이 되기로 결심했다. 동국대 산악부에 가입하기 위해 재수까지 해서 1983년 동국대 체육교육과에 입학했다. 매일같이 살 떨리는 바윗길을 오르고, 허리가 휘청이는 무거운 배낭을 지고 산릉을 누볐다. 운명처럼 산꾼의 길로 들어선 박영석은 1989년 랑탕리룽(7227m)을 최연소 원정대장으로 등반하며 히말라야에 신고식을 올린다. 동계 기간 세계 최초 등정이었다.

히말라야, 영혼의 고향

1993년 에베레스트를 무산소로 등정하면서 박영석은 산악계의 주목을 받는다. 에베레스트 정상에 서기까지 그는 죽음의 고비를 몇 번이나 넘겼다. 1991년 첫 도전에선 100미터를 굴러떨어졌다. 마취도 없이 얼굴에 철심을 세 개나 박았다. 1993년 남서벽 루트 등반 중에는 절벽에서 발을 헛디뎌 크레바스에 빠졌다. 한참 동안 떨어지다가 안전벨트가 걸려 목숨을 건졌다. 2000미터 낭떠러지를 발아래 두고 갓 백일이 지난 둘째 아이 생각에 온몸으로 울었다. 그 공포, 그 고독. 살면서 그렇게 울어 본 적은 그때가 처음이었다. 죽음의 문턱에서도 그는 여전히 정상을 열망했다. 그러나 마침내 밟은 꼭대기엔 아무것도 없었다. 다만 살아 내려가야겠다는 집념뿐이었다.

그 뒤로 8년간 히말라야 14좌 등반에 주력했다. 먼저 시작한 엄홍길과 경쟁 구도가 형성되었다. 뒤늦게 뛰어든 박영석은 97년 한 해 동안만 5개봉을 연거푸 오르며 뒤를 바짝 쫓았다. 1년 3개월 만에 고봉 7개를 연속 등정해 두 달에 한 번꼴로 8000미터 봉우리에 오르는 초인적 기록을 남겼다. 일각에서는 등반이 무슨 스포츠 게임이냐며 비판하기도 했다. 그러나 둘의 경쟁 구도 덕분에 한국 산악인이 보다 짧은 기간에 14좌 완등의 기록을 연속해서 낼 수 있었고, 한국 산악계가 한 단계 성숙하는 계기가 되었음은 부정할 수 없다.

박영석과 엄홍길은 상업 등반을 전문으로 하는 여행사를 함께 운영했고, 1994년과 1996년에는 히말라야에 함께 올랐다. 산에서 내려오면 밤새 술집을 전전했다. 둘 다 말술이었지만 성격이나 등반 스타일은 달랐다. 엄 대장은 '탱크'라는 별명처럼 혼자 진격하는 데 능했고, 박 대장은 보스로서 후배들을 이끄는 데 탁월했다.

2001년 박영석은 K2 등정에 성공하며 14좌 완등의 대업을 완수했다. 당시 세계 최단 기간 등정(8년 2개월)이었다. "여보, 성우야, 성민아." 정상에서 가족의 이름을 외치자 하염없이 눈물이 쏟아졌다. 함께 등반하다 목숨을 잃은 선후배 네 명과 셰르파 두 명의 얼굴이 스쳤다. 죽음은 거기서 끝이 아니었다. 하산 중에 박영도 대원이 골짜기에 추락해 숨졌다. 반복된 고산 등반과 폭음, 압박감으로 뇌혈관이 막혀 응급실에 실려 가기도 여러 번이었다. 그러나 기운을 차리기 무섭게 박영석은 다시 짐을 꾸렸다.

아무도 가지 않은 길

다음 목표는 산악 그랜드슬램이었다. 히말라야 14좌, 세계 7대륙 최고봉, 지구 3극점(남극점, 북극점, 에베레스트)을 모두 밟은 사람은 아무도 없었다. 2003년 2월 박영석은 원정대를 이끌고 북극점 정복에 나섰다. 고산 등반의 베테랑인 그도 극지 원정에는 초보였다. 영하 40도 아래로 떨어지는 혹한이 날마다 이어졌다. 이 세상에 지옥이 있다면 북극을 두고 하는 말이었다. 결국 그는 첫 원정에 실패한다.

이미 40대였다. 주변의 만류를 뒤로하고 박영석은 다시 떠났다. 이번엔 남극이었다. "걷지 못하면 기어서라도 간다"는 각오로 1135킬로미터를 걸어 남극점을 밟았다. 1년 후 북극점에 재도전했다. 준비는 철저했다. 한라산에서 100킬로그램의 짐을 실은 썰매를 끌고, 눈에 구멍을 파고 잠을 잤다. 영하 35도 냉동 창고에 들어가 텐트를 치고 밤을 새우기도 했다. 2005년 5월 1일 마침내 그는 북극점에 태극기를 꽂았다. 매일 16시간씩 얼어붙은 북극 바다를 걸은 지 54일 만이었다. 세계 최초로 산악 그랜드슬램을 달성하는 순간이었다.

산악계 스타로 떠오른 그에게 여러 제의가 쏟아졌다. 모교 동국대에선 교수 자리를 제안했다. 그러나 박영석은 새로운 목표를 찾기 시작했다. 아무도 오르지 않았던 길을 내는 것. 세계 등반사에 남을 일이라 여겼다. 그는 다시 배낭을 꾸렸다.

2007년 에베레스트에 신루트를 개척하기 위해 떠났다. 그곳에서 오희준, 이현조 대원을 눈사태로 잃었다. 피를 나눈 형제보다 가까운 후배들이었다. 한동안 술에 취해 환청을 듣고, 갈기 같은 머리를 자르고, 등반을 끊을 생각까지 했다. 그러나 악몽의 길을 되돌아가 2009년 기어이 에베레스트 남서벽에 새로운 길을 냈다. 여기에 더해 안나푸르나, 로체까지 히말라야 3대 난벽에 '코리안 루트'를 낸 후 은퇴할 생각이었다.

안나푸르나 베이스캠프에서 박영석은 생일상을 받았다. 원정대 셰프로 통하는 신동민 대원이 '축 생일, 사랑해요'라고 쓴 케이크와 미역국을 준비했다. 박영석은 "정말 황홀하다"며 웃었다. 5일 뒤 등정에 나선 일행은 짙은 안개와 낙석 위험으로 하산을 결정했다. 그리고 두 시간 뒤 베이스캠프와의 교신을 끝으로 연락이 두절되었다. "내려오다 죽을 뻔했다"며 터뜨린 너털웃음이 그의 마지막 음성이었다. **b**

HELPER
SHERPA, PORTER AND YAK

히말라야 등반가들이 정상에 오르기까지 생사고락을 함께하는 이들이 있다.
포터, 셰르파, 야크다. 이들의 도움 없이는 히말라야 등반이 불가능하다.

포터 Porter

포터는 고산의 초입인 베이스캠프까지 등반가의 짐을 날라 주는 이들을 말한다. 단순한 짐
꾼 역할이라 성인 남성은 물론 여성과 아이들도 많이 한다. 포터들은 보통 30킬로그램의
짐을 진다. 등반가에게 필요한 사진기나 옷가지, 물통, 간식 등을 큰 바구니에 담아 운반한
다. 경제적으로 넉넉하지 않아 얇은 점퍼와 슬리퍼 차림으로 산을 오르는 경우가 많다. 그
래도 작은 배낭을 지고 가는 등반가들보다 더 빠르게 이동한다. 밤이 되면 등반가들이 묵
는 숙박 시설에 딸린 창고에서 새우잠을 잔다.

포터들은 하루 종일 짐을 나른 대가로 10달러 정도를 받는다. 선진국 기준에선 노동 강도
에 비해 턱없이 낮은 수입이지만 네팔에서는 결코 적은 돈이 아니다. 때문에 고산 등반가
의 짐을 운반하려고 경쟁이 벌어지기도 한다. 에베레스트로 가는 관문인 루크라 공항에서
는 등반가와 여행객들을 잡으려고 경쟁하는 포터들의 모습을 쉽게 볼 수 있다.

일반적인 포터들은 해발 5000미터에 있는 베이스캠프까지 짐을 나른 뒤 품삯을 받고 돌
아가는데, 베이스캠프 이상까지 올라가는 포터들도 있다. 이들을 '하이 포터'나 '셰르파'라
한다. 하이 포터는 전진 캠프로 짐을 운반하는 것이 주된 임무지만 루트 공작과 고정 로프
설치 작업에도 참여한다.

한편 포터들을 관리하는 '사다Sardar'도 있다. 대부분 오랜 경력의 셰르파 출신인 사다는
일거리를 잡아 포터와 셰르파에게 나눠 준다. 유능한 사다일수록 베테랑 포터와 셰르파를
확보하고 있다. 사다는 셰르파보다 2~3배의 임금을 받기 때문에 어린 포터나 셰르파에게
선망의 대상이다.

셰르파 Sherpa

셰르파는 히말라야 고산 등반에서 가이드를 담당하는 종족의 이름이다. 셰르파족은 16세
기경 티베트 동부 캄 지방에서 에베레스트 남쪽으로 넘어온 것으로 알려졌다. 현재 네팔에
15만 명이 있으며 히말라야 등반의 거점인 쿰부와 솔루 지역에 1만 명이 거주한다. 언어
와 복장, 생활 풍습이 티베트 사람과 비슷하다. 히말라야 산간 마을에서 전통적 생활 방식
을 유지하며 살아가고 있다.

셰르파족이 오늘날처럼 세계적인 산악 부족이 된 것은 20세기 초로 거슬러 올라간다. 히
말라야의 존재가 서구에 알려지면서 유럽 등반가들이 찾아오기 시작했고, 짐을 운반할 인
부가 필요했다. 그들은 네팔에서 가장 가난한 셰르파족을 고용했다. 1921년 에베레스트
정찰대에 참가한 의사 켈라스 박사는 세 번에 걸친 히말라야 등반에서 셰르파족이 고산 기
후에 익숙하다는 사실을 발견했다. 이런 사실이 알려지자 세계 각국의 히말라야 원정대가
이들을 채용하기 시작했다.

특히 1953년 5월 29일 뉴질랜드 출신의 산악인 에드먼드 힐러리가 에베레스트에 최초로
등정할 때 셰르파족인 텐징 노르게이가 함께 등반하면서 셰르파족의 명성이 널리 알려졌
고, 현재와 같이 고산 가이드의 대명사가 되었다.

오늘날 셰르파는 단순히 히말라야 산악 등반의 안내인 역할에 그치지 않는다. 전반적인 등
반 준비는 물론 루트 선정 및 정상 공격 시점을 설정하는 등 등반에 관한 거의 모든 사항을
등반가에게 조언한다. 두 달여에 걸쳐 8000미터 이상의 산을 함께 오르고 셰르파가 받는
돈은 1500~2000달러다. 네팔 공무원의 한 달 급료가 100달러 정도인 것을 고려하면 큰
수입이다.

세계의 어떤 유명 산악인이라도 셰르파의 도움 없이 업적을 이룬 사람은 단 한 명도 없다.
엄홍길도 예외는 아니다. 그럼에도 불구하고 셰르파들은 보조였다는 이유로 영광의 자리
에서는 항상 뒷전으로 밀려야 했다. 엄홍길이 히말라야에 갈 때마다 셰르파의 유족을 찾아
생계를 챙기고, 히말라야 오지에 학교를 세우는 것도 그들에게 진 신세에 조금이나마 보답
하기 위한 작은 정성이다.

야크 Yak

소목 솟과에 속하는 포유류다. 고지의 생활에 적응한 고산 동물이다. 티베트와 히말라야 주변 지역, 티베트어를 사용하는 몽골 지역에서 주로 사육된다. 히말라야 산행에서 여행객과 등반가들의 짐을 운반한다. 셰르파, 포터와 함께 고산 등반에 반드시 필요한 '제3의 대원'이다.

야크는 수컷을 의미하며 암컷은 '드리Dri' 또는 '나크Nak'라 불리지만 일반적으로 암수 구별 없이 야크라고 부른다. 수컷의 몸길이는 3.25미터, 어깨높이는 2미터, 몸무게는 500~1000킬로그램이다. 흑갈색이며, 어깨와 옆구리, 꼬리의 털이 길고 매끄럽다. 작은 풀과 관목의 잎을 먹고 산다. 양과는 달리 번식기는 여름이다. 암컷의 임신 기간은 280일이며 한두 마리의 새끼를 낳는다.

야생 야크는 암컷과 어린 새끼들을 포함해 200여 마리의 큰 무리를 형성해 살아간다. 가축화가 증가하면서 야생 야크는 개체 수가 날로 감소해 티베트 일부 지역에서만 발견되고 있다. 고산 등반가의 짐을 나르는 야크 대부분은 가축화된 것이다.

야크는 춥고 황량한 해발 4000~6000미터에서 살아간다. 3000미터 이하로 내려오면 시름시름 앓고 생식기에도 문제가 생긴다. 야크는 30~40킬로그램의 짐을 지고 32킬로미터를 걸어갈 수 있다. 덩치에 비해 몸짓이 재빨라 물살이 센 강을 헤엄쳐 건널 수 있고, 가파른 바위도 곧잘 오른다. 가축화된 야크는 주인을 알아보고 젖을 내줄 정도로 충성스러운 동물이다. 주인의 말을 잘 듣고 성격이 온순해 고산 지대의 운송 수단으로 제격이다.

네팔은 힌두교의 영향으로 야크 살육을 금하고 있지만, 셰르파족은 야크를 식생활에 두루 사용한다. 야크 젖으로 치즈나 버터를 만들고, 수유차를 만들기도 한다. 버터는 사원의 불을 밝히는 데 사용한다. 고기는 굽거나 삶아서 먹고, 가죽으로 옷과 이불, 텐트를 만든다. 털은 스웨터나 양말, 모자, 장갑 등을 만드는 재료가 된다. 야크는 배설물마저 귀중한 자원이다. 나무가 자라지 않는 티베트 고원 지역에서는 화력이 좋고 냄새가 나지 않는 야크의 똥이 유일한 원료로 사용된다. 야크는 머리끝부터 발끝까지 모든 것을 아낌없이 사람들에게 내어 준다. 고산 지대 사람들에게 없어서는 안 될 동물이다. **b**

encyclopedia

고산 등반은 인류 도전과 한계의 기록이다.
알피니즘의 역사와 등반 용어 및 유의점에 대해 알아본다.

"저 산을 오르는 자에게 포상하겠다." 스위스의 자연 과학자 소쉬르는 알프스 최고봉에 상금을 걸었다. 그로부터 26년이 지난 1786년 8월 8일 프랑스인 미셸 파카르와 자크 발마가 알프스 몽블랑에 올랐다. 그들은 알파인 스틱 하나만을 들고 크레바스를 건너 눈을 헤치고 정상을 밟았다. 인류 역사상 기록으로 남겨진 최초의 고산 등반인 이 등정은 스포츠로서의 근대 등반을 뜻하는 '알피니즘'의 어원이 되었다.

정상을 향한 인간의 도전은 등반 기술과 용구를 발전시켰다. 피켈(등반용 지팡이)과 크램폰(아이젠)의 발달은 등산가의 체력 소모를 줄여 등반 속도를 높였고, 카라비너(로프 연결고리)와 피톤(암벽 틈새에 박는 못)의 발명은 암벽과 빙벽 등반을 가능하게 했다. 알프스를 정복한 세계 산악인들의 관심은 히말라야로 넘어갔다. 1950년 프랑스 원정대의 안나푸르나 초등정 이후 1964년 시샤팡마 초등정까지 14년간 히말라야 8000미터 급 14개의 봉우리를 두고 초등 경쟁이 벌어졌다. 1953년 영국의 에드먼드 힐러리와 셰르파 텐징 노르게이가 히말라야의 최고봉 에베레스트를 오르며 '제3의 극지'에 첫 깃발을 꽂았다.

초등정 경쟁이 끝난 이후 더 어렵고 험한 루트에 도전하는 등로주의가 유행했다. 1978년 이탈리아의 라인홀트 메스너는 에베레스트를 무산소 단독 등반으로 올랐고, 1984년 폴란드의 쿠쿠치카와 쿠르티카는 브로드피크의 북봉과 중앙봉, 주봉을 종주했다. 우리나라에서는 1977년 고상돈이 에베레스트를 처음 등정했다. 이후 엄홍길이 2000년 7월에 14좌를 완등했고, 2007년에는 위성봉을 더해 16좌를 완등했다. 2015년 더 이상 새로운 고봉은 없다. 인간은 같은 봉우리에서 한계를 새롭게 설정해 도전하고 있다. 인간 한계의 극복인 고산 등반에 대해 알아본다.

등로주의

등산의 대중화와 등산 용구의 발달, 직업 가이드의 출현은 등반을 한결 수월하게 만들었다. 사람들은 능선을 따라 알프스의 봉우리들을 빠르게 정복했다. 1881년 영국의 알버트 프레드릭 머메리는 이러한 등산 방식에 반기를 들었다. "산을 오르는 본질은 정상에 오르는 것이 아니라 고난과 싸워 이기는 것"이라고 주장한 그는 알프스 샤모니 침봉 중 최대 난봉인 에귀유 드 그레퐁을 능선이 아닌 벽을 통해 올랐다. 그는 등산이 스스로의 한계를 시험하고 극복하는 순수 스포츠여야 한다고 보았다. 이러한 등반 정신을 '등정주의에 대한 등로주의' 또는 그의 이름을 따 '머메리즘'이라고 부른다. 이후 등로주의는 무산소, 속공, 단독, 동계, 종주 등반, 연속 등정 등 극한의 등반법으로 확장되었다.

극지법과 알파인 스타일

고산 등반 스타일은 크게 극지법과 알파인으로 나뉜다. 극지법은 산 중턱에 세운 베이스캠프를 거점으로 캠프를 전진시키며 정상까지 도달하는 방법으로 피어리 시스템이라고도 한다. 등반대원 외에 지원팀, 셰르파, 요리를 담당하는 쿡 등 다수의 인원과 많은 물자가 동원되는 대규모 등반에 사용되며 비교적 안전하고 확실한 등반이 가능하다. 1922년 영국의 제9차 에베레스트 원정대가 처음 선보였다. 남·북극 탐험대도 사용하는 방식이다. 알파인 스타일은 장비와 식량을 모두 짊어지고 한 번에 올라가는 등반법이다. 6명 이하로 이루어진 소규모 팀이어야 할 것, 셰르파나 포터의 도움을 받지 않을 것, 산소 기구를 사용하지 말 것, 고정로프를 사용하지 말 것, 사전 정찰 등반을 하지 말 것 등 엄격한 규칙이 있다.

셸터

고산 등반에서는 안전한 쉼터가 가장 중요하다. 일반적인 대규모 장거리 등반에서는 베이스캠프를 거점으로 전진과 후퇴를 반복하며 주변을 정찰하고, 루트를 익히며 고소 적응 기간을 갖는다. 베이스캠프에는 화장실, 주방, 개인 텐트 및 정부 기관과 연락이 가능한 중계 캠프 등이 있다. 식량을 보관하고, 기후 상황을 체크하고, 대원들의 휴식을 돕는 공간이다. 등반 중 악천후나 예기치 못한 사고에 대비해 천막이나 침낭, 방한구를 준비해 둔다. 비바크를 하는 경우, 눈 속에 구멍을 파 설동을 만들어 몸을 피하는 것이 체온 유지에 유리하다. 어느 정도 단단한 눈이 덮인 사면에 60센티미터 이상의 천장을 확보해야 튼튼하다. 산소 부족으로 인한 질식사와 날씨 변화에 따른 동굴 입구 및 천장 붕괴에 유의해야 한다.

테크닉

설사면에서 자주 쓰이는 테크닉은 러셀과 글리세이딩이다. 러셀은 선두에 있는 사람이 눈을 헤치면서 길을 만드는 방법이다. 체력 소모가 커 호흡과 보폭 조절이 중요하고 여러 명이 교대로 작업한다. 하행에 유용한 글리세이딩은 설사면을 등산화 바닥으로 제동하며 미끄러지듯 내려가는 기술이다. 크레바스가 밀집한 아이스폴에서는 서로 몸을 묶고 움직이는 안자일렌을 한다. 1787년 소쉬르의 스위스 몽블랑 등정 때 처음 등장했다. 당시 대원들은 긴 막대기로 서로를 연결해 등반했는데, 그는 이 방법을 '서로 누를 끼치지 않는 가장 안전한 방법'이라고 말했다. 이외에 어센더를 이용해 고정로프를 타고 오르는 주마링, 크램폰의 앞 발톱으로 빙벽을 차고 오르는 프론트 포인팅 등은 설산과 빙벽을 빠르고 안전하게 오르는 기술이다.

위험 요소 Ⅰ

고산 등반에는 설산의 특수한 지형이 만들어 내는 위험들이 수반된다. 빙하가 떨어지며 생긴 빙벽인 세락Serac이 난립한 지대에선 눈사태가 자주 발생한다. 빙하가 갈려져 생긴 틈인 크레바스는 얕게는 수십 미터에서 깊게는 수백 미터에 이른다. 눈에 덮여 보이지 않는 히든 크레바스도 있기 때문에 피켈 혹은 스키 스톡으로 두드려 가며 전진해야 한다. 세락과 크레바스가 밀집한 아이스폴 지대는 붕괴의 가능성이 언제나 존재한다. 또한 높은 고도에서는 상승 기류에 의해 공기가 물이나 얼음으로 변하면서 안개, 즉 가스가 발생한다. 가스는 시계視界를 온통 하얗게 만드는 화이트아웃 현상을 일으켜 등반가의 원근감을 잃게 한다. 경로를 이탈하거나 크레바스로의 추락을 야기할 수 있다.

위 험 요 소 II

보통 사람의 과반수는 2400~4300미터 고도에서부터 고산병을 경험한다. 사람에 따라 정도의 차이가 있지만 대개 두통과 불면증, 안면부종, 불규칙적 호흡, 메스꺼움, 식욕 상실, 구토 등의 증상을 보인다. 가장 좋은 해결법은 하산하는 것이다. 대부분의 경우 고도를 낮추는 것만으로 증상이 호전된다. 고산병을 예방하기 위해서는 수분을 충분히 섭취하고, 시간 간격을 두고 고도를 높여야 한다. 등반 중에는 체력에 따라 산소마스크를 착용한다. 설면에 반사된 자외선에 의한 안구 손상인 설맹은 시력을 떨어뜨리고 방향 감각에 혼란을 준다. 심할 경우 실명에 이를 수 있으므로 선글라스와 고글 착용은 필수다. 체력 저하로 인한 피로 동사 또한 잦은 사고다. 자신의 체력을 과신해 무리한 일정을 고집하지 않는 것이 좋다.

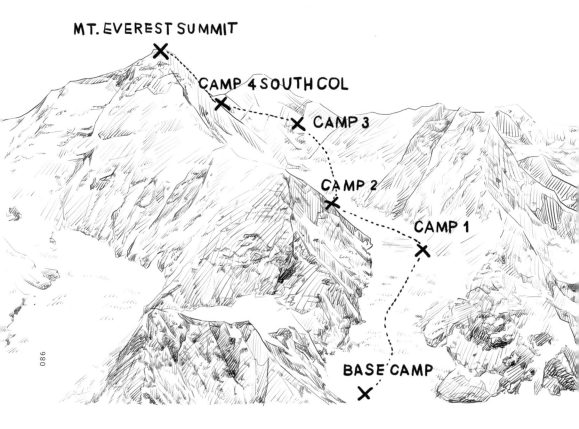

일정과 비용

원정 등반 일정은 봉우리까지의 접근 예상 시간, 물자 운송 시간, 등반 시간, 기상 변화로 일정이 지체되고 휴식하는 시간을 모두 고려해 계획한다. 에베레스트 노멀 루트(남동릉)를 극지법으로 등반할 경우 루크라(2800미터)에서 열흘 남짓의 카라반을 거쳐 약 5400미터에 위치한 베이스캠프에 도달하게 된다. 베이스캠프에서 정상까지 4개의 캠프를 설치하고 짐을 나르고 내려오기를 반복한다. 약 8000미터에 자리한 사우스콜에 마지막 캠프4를 세우고 정상 등정을 시도한다. 베이스캠프에서 정상 공격까지의 체류 일수는 약 40일이다. 총 원정에는 보통 두 달이 걸린다. 현재 네팔 에베레스트 산의 입산료는 1인당 1만 1천 달러이며 원정대 한 팀당 환경 보호 예치금으로 4000달러를 지불해야 한다.

087

등반의 상업주의

1990년대 후반부터 전문 산악인이 아니더라도 일인당 6만 5천 달러를 지불하면 에베레스트를 밟는 것이 가능해졌다. 등산의 대중화로 에베레스트 등정 붐이 일자 부작용도 나타났다. 1996년 5월 10일 에베레스트 8810미터의 힐러리 스텝과 8000미터의 사우스콜 사이에서 8명이 사망하는 사고가 발생했다. 힐러리 스텝에 많은 인원이 몰려 등반이 장시간 지체되는 상황에서 기상 악화로 눈보라가 몰아치자 체력이 저하된 등산객의 탈출이 늦어진 것이다. 사망자 중에는 가이드로 등반한 베테랑 산악인도 포함되어 있었다. 등산의 순수성이 사라졌다는 비판에도 상업 등반대의 인기는 식지 않는다. 에베레스트는 2011년까지 총 5104번 정복됐고, 3142명이 올랐다. 2007년에는 한 해 동안 정상 등정자가 600명을 넘었다. **b**

EXPEDITION JOURNAL
HUMAN EXPEDITION

2004년 5월 에베레스트를 하산하던 박무택이 숨진 채 발견되었다.
2005년 3월 엄홍길은 후배의 시신을 수습하기 위해 휴먼원정대를 꾸렸다.

3월 14일 엄홍길 대장이 이끄는 휴먼원정대가 네팔로 출국했다. 에베레스트 등반 사고로
숨진 박무택, 백준호, 장민 대원의 시신을 수습하기 위해서였다. 엄 대장은 박무택을 유독
예뻐했다. 생사고락을 함께한 후배가 에베레스트 정상 길목에서 로프에 매달려 얼어붙어
있다. 그대로 둘 수 없었다.

3월 18일 19명의 대원과 셰르파, 쿡 등을 합해 27명에 이르는 일행은 경비행기 두 대
에 나눠 탔다. 이륙 40분 만에 루크라 공항에 도착했다. 원정대는 고소 적응을 위해 임자
체봉(6189m)에 도전할 예정이다. 에베레스트의 관문인 루크라(2800m)를 거쳐 팍딩
(2600m)에서 하루를 보내고, 7시간을 걸어 남체(3400m)에 도착했다. 다들 고소 적응이
안 돼 가쁜 숨을 몰아쉬었다.

3월 19일 매주 열리는 남체의 장날이다. 등반에 필요한 식재료를 구입했다.

3월 20일 에베레스트와 로체가 한눈에 들어오는 텡보체(3860m)에 도착했다. 딩보체
(4400m)를 거쳐 임자체봉이 보이는 추쿵(4700m)으로 향할 예정이다.

3월 25일 엄 대장을 비롯한 대원 3명과 셰르파 4명이 차례로 임자체봉 정상을 밟았다. 하
산 중 5600미터 지점에서 설사면에 숨겨 있는 시신을 발견했다. 뒤늦게 정상을 향해 오르
던 4명의 일본팀 중 한 명이었다. 헬기가 착륙하는 5300미터의 평지까지 시신을 옮겼다.

4월 1일 카트만두에 닷새간 머물며 원정에 필요한 일들을 처리할 계획이다. 반정부 시위
로 육로 이동이 통제될 수 있기에 네팔과 중국의 국경 지대인 코다리로 선발대를 보냈다.

4월 4일 영양 보충을 위해 점심에 염소찜을 먹었다. 내일은 15명의 대원이 헬기를 타고
코다리로 이동해 선발대와 합류한다. 지프와 트럭을 이용해 코다리에서 장무(2300m)~니

알람(3700m)~딩그리(4200m)를 거쳐 에베레스트 베이스캠프(5400m)에 들어갈 예정이다.

4월 7일 베이스캠프에 도착했다. 무사 등반을 기원하는 라마제를 지내며 유족이 전한 편지를 읽었다. 캠프는 울음바다가 되었다. 시신 수습을 위한 본격적인 채비를 시작했다. 단순 등반이 아니기 때문에 장비가 엄청나게 많다.

4월 20일 오후만 되면 구름이 끼고 간간이 눈발이 날린다. 몬순의 징조인지 아니면 단순한 기상 변화인지 구분할 수 없어 모두들 걱정이다. 한국으로부터 히말라야 주변의 1주일치 기상 예보를 받아 보고 있다.

4월 21일 이길봉 대원이 셰르파 9명과 함께 노스 콜(7300m)에 올라가 그곳에 있는 식량과 구조 장비 일체를 캠프3(8300m)까지 올릴 예정이다. 임무가 완수되면 5월 1일을 전후해 시신 수습에 나설 수 있을 것이다.

4월 22일 2000년 봄 엄 대장과 칸첸중가 원정 중에 숨진 셰르파 앙 다와 다망의 기일이다. 베이스캠프 라마 제단에 밥과 국을 올리고 간단하게 제를 지냈다.

4월 25일 캠프2까지 식량과 장비를 옮긴 대원들은 전진 캠프(6300m)로 내려와 3일간 휴식했다. 내일은 현지 생방송을 위해 MBC 취재진이 전진 캠프로 올라온다.

4월 29일 캠프3에 장비를 옮기기 위해 노스 콜에 올라간 대원과 셰르파가 강풍으로 작업을 마치지 못하고 하산했다.

5월 1일 대원들이 캠프2까지 올라가 고소 적응을 했다. 18명의 셰르파가 노스 콜과 캠프2에 있는 산소통 140개와 텐트, 식량 등을 캠프3까지 올리기로 했다.

5월 2일 기상 악화로 모든 원정팀이 베이스캠프로 하산했다. 엄 대장이 만둣국을 끓여 대원들에게 먹였다. 식사를 마친 대원들은 작은 바위에 '백준호, 박무택, 장민, 2004년 5월 19일 계명대학교 산악회'라고 새긴 묘비를 만들었다. 한국에서 격려 편지가 왔다. 막내 김동민 대원은 엄 대장의 엄명으로 여자 친구의 편지를 낭독했다. '오빠야, 사랑한데이'라는 문구에 전 대원이 기립박수를 보냈다. 캠프3까지 오르려던 셰르파들은 강풍으로 7900미터에 짐을 부리고 노스 콜로 하산했다.

5월 3일 대원들이 목감기에 걸려 밤이면 기침 소리가 요란하다. 다음 주 서울에서 응원차

방문하는 인편에 감기약이 있기를 고대하고 있다.

5월 5일 전 대원과 셰르파가 3주 만에 베이스캠프에 모였다. 고소에서 내려온 셰르파들은 햇볕에 얼굴이 상했지만 표정은 밝았다. 어린이날이라 어린 자녀를 둔 대원들은 서울로 팩스를 보내 퀵 서비스로 선물을 전달했다. 체면치레는 했다며 다들 안도의 한숨을 쉰다.

5월 7일 대원과 셰르파가 한 자리에 모여 사고 당시 박무택, 장민, 백준호가 입었던 복장 등 인상착의에 대해 이야기를 나누었다. 셰르파들과의 임금 협상도 무사히 마쳤다. 서울에서 보내 주는 기상 정보와 현지 교신을 종합할 때 12~17일이 정상 등정의 적기다.

5월 8일 베이스캠프에서 사흘간 휴식을 취하던 18명의 셰르파가 전진 캠프로 출발했다. 다음 날 노스 콜로 이동해 캠프3까지 식량, 장비 운반을 마치고 하산하는 게 목표다. 대원들은 전열을 가다듬고 12일 전진 캠프로 진출할 예정이다.

5월 10일 오후부터 휘몰아치기 시작한 바람이 밤새 베이스캠프의 텐트를 흔들었다. 전날 노스 콜에 올랐던 셰르파들도 강풍을 이기지 못하고 전진 캠프로 내려왔다.

5월 11일 베이스캠프 생활 35일째인 대원들은 쉴 때마다 음식 얘기를 나눈다. 14명의 대원을 상대로 '지금 가장 먹고 싶은 음식'이 뭔지 물었다. 곱창구이가 1순위로 꼽혔다. 2위는 사철탕이다.

5월 15일 오전에는 맑다가도 오후가 되면 바람이 세게 분다. 디데이가 늦춰지고 있다.

5월 18일 시신 수습을 위해 대장정의 발을 내디뎠다. 오전 10시 노스 콜을 출발, 순조롭게 캠프2를 향해 나아갔다. 오후 3시 30분쯤 캠프2를 200미터 앞둔 지점에서 거센 바람을 만났다. 30분 먼저 캠프2에 도착한 셰르파들은 강풍 때문에 텐트 폴도 세우지 못하고 노스 콜로 내려왔다. 엄 대장은 목이 쉰 데다 허리 통증까지 호소하고 있다. 거듭된 기상 악화로 캠프 분위기가 무겁다.

5월 20일 대원 3명과 셰르파들만 전진 캠프에 남고 나머지 대원들은 베이스캠프로 하산했다. 목이 많이 부은 엄 대장은 상업 등반대 의료진을 찾아가 치료를 받았다. 목소리를 거의 낼 수 없을 정도로 심각한 상태다.

5월 23일 이번 기회가 마지막이라는 비장한 각오로 베이스캠프를 나섰다. 전진 캠프에 도착해 하루 휴식한 뒤 노스콜(25일)~캠프2(26일)~캠프3(27일)를 거쳐 28일 시신 수습을

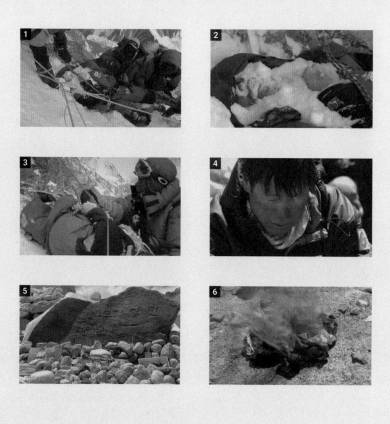

1 고인의 시신을 빙벽에서 떼어 냈다. 시신 수습에만 3시간이 걸렸다. 2 사고 당시 그대로 눈에 파묻혀 있는 고인의 모습. 3 엄홍길은 고인의 시신을 붙잡고 오열했다. 4 고인이 에베레스트 정상 아래 편히 잠들 수 있도록 기원했다. 5 대원들은 작은 바위에 고인의 이름을 새겼다. 6 고인의 추억이 담긴 옷가지와 등산화 등 유품을 모아 작별 의식을 가졌다.

계획하고 있다.

5월 26일 변덕스러운 날씨 때문에 디데이가 거듭 연기되고 있다. 정상에서 사진을 찍고 내려오는 반짝 등반이라면 날씨가 잠시만 좋아도 되지만, 시신 수습이 목적이라면 최소 24시간 이상 날씨가 좋아야 한다. 날은 춥고 대원들은 하늘 바라보기가 고통스럽다.

5월 29일 인천 공항을 떠난 지 77일째, 선발대는 밤을 꼬박 새우고 새벽 4시 30분쯤 캠프3을 나섰다. 약 다섯 시간의 행군 끝에 8750미터 지점에 매달린 박무택의 시신을 발견했다. 절벽에 붙은 '얼음 고치' 상태였다. 인간이 함부로 오를 수 없는 곳에 눈과 얼음을 이불 삼아 조용히 눈감은 그의 모습은 비참하면서도 동시에 장엄했다. 엄 대장은 얼음덩이가 된 후배를 부여잡고 한참 울었다. 눈물이 그치지 않아 셰르파들이 억지로 떼어 놓아야 했다. 엄 대장은 장갑을 벗어 시신의 얼음 손에 끼워 주고 한 발 물러섰다.

시신은 이미 에베레스트와 한 몸이 되어 있었다. 피켈로 얼음을 깨고 떼어 내는 수밖에 없었다. 산소마스크를 썼지만 여간 힘든 일이 아니었다. 얼음에서 시신을 분리하는 데 3시간이 걸렸다. 다리가 구부러진 상태로 얼어서 특수 제작한 운구용 가방에 들어가지 않았다. 엄 대장은 로프로 묶어 운구하라고 지시했다. 고인의 체중은 70킬로그램이었지만 꽁꽁 얼어서 시신은 100킬로그램 가까이 나갔다. 100미터를 전진하는 데 2시간이 걸렸다. 순간 하늘이 어두워지고 정상 부근에 눈보라가 몰아쳤다. 셰르파들은 더 이상 못 내려간다고 소리쳤다. 오늘 안에 캠프3까지는 가야 무사히 하산할 수 있는데, 50미터나 되는 깎아지른 절벽이 남아 있었다. 백준호, 장민 대원이 실종된 구간이다.

"안 되겠다. 여기서 장례를 치른다. 돌과 바위를 모아라!" 엄 대장은 눈시울을 붉힌 채 결단을 내렸다. 자칫하면 원정대가 조난당할 수도 있었다. 장례를 치를 곳은 엄 대장이 이 코스를 오를 때마다 잠시 멈춰 히말라야의 파노라마를 감상하던 지점이었다. 네팔과 티베트의 풍경이 한눈에 내려다보이고 하루 종일 해가 드는 곳이다. 미망인이 보낸 편지를 입고 있던 옷 주머니에 넣어 주고 돌무덤을 쌓았다. 주위로 사람들이 모였다. 엄홍길은 돌무덤 앞에 엎어져 히말라야 신을 향해 울부짖었다. "차라리 나를 데려가시지, 앞길이 구만리인 동생을 왜 먼저 데려가느냐"고. 에베레스트는 '산山 사나이 박무택'을 품에 안은 채 기어이 놓아주지 않았다. **b**

in-depth
story

INTERVIEW

정말 두려운 것은 기상 변화와 그로 인한 죽음이 아니다.
나 자신에게 지는 것이다. 자신을 이기는 자가 가장 강하다.

8000미터 산정엔 무엇이 있을까. 눈발이 함성처럼 날리는 정상에 무엇이 있기에 그토록 애타게 오르려 하는가. 껍질이 벗겨진 얼굴로 정상을 내려온 산악인들은 말한다. 인간 한계를 극복하는 위대한 도전 정신이 그곳에 있었다고. 아무래도 믿기지 않았다. 동료들의 희생을 감수하고라도 기필코 정상에 서겠다는 어리석은 집착과 처연한 오기라면 모를까. 나는 이런 의구심을 품고 세계 최초로 히말라야 16좌 완등에 성공한 엄홍길 대장을 만나러 갔다.

엄홍길 휴먼재단은 서울 남산공원 인근에 있었다. 두어 평 남짓한 집무실은 작은 네팔이었다. 네팔풍의 울긋불긋한 장식품이 여기저기 걸려 있었다. 주인 없는 집무실을 둘러보는데 그가 나타났다. 멀쑥한 회색 양복 차림이었다. 167센티미터 단신에 다부진 체격. 검게 그을린 피부와 염색을 하지 않은 반백이 의외로 잘 어울렸다. 우리는 명함을 교환하고 자리에 앉았다. 그가 재단 직원과 얘기하는 사이 명함을 훑어보았다. 8면 접이식 명함. 앞면에는 웃는 얼굴과 서명이, 뒷면에는 히말라야 16좌 완등 기록이 박혀 있었다. 히말라야를 수십 번 등정한 철인은 문전박대당한 외판원처럼 지쳐 보였다. 연신 하품하는 그에게 말을 건넸다.

굉장히 피곤해 보이십니다. "얼마 전에 에티오피아와 케냐로 봉사 활동을 다녀왔습니다. 돌아와서 일주일도 안 돼서 바로 네팔에 갔다가 지난 토요일 새벽 3시에 인천 공항에 도착했어요. 거기서 곧바로 제 고향인 경남 고성에서 열리는 등산 축제에 참석하고 올라와서,

일요일하고 어제도 산에 갔어요."

인터뷰는 수요일 오후였다. 그는 한 달째 쉼 없이 강행군했다.

네팔에는 무슨 일로? "제가 2008년 5월에 엄홍길 휴먼재단을 설립하고, 2009년부터 히말라야 오지에 학교를 세우고 있습니다. 2010년 에베레스트 산자락에 첫 학교를 완공했어요. 그 학교를 시작으로 매년 한두 개씩 짓고 있어요. 재단이 올해 7주년인데 네팔 룸비니 지역에 10번째 학교가 만들어졌죠. 거기 준공식에 갔다 왔습니다."

엄홍길 휴먼재단 설립 동기가 어떻게 됩니까? "히말라야 8000미터 16좌를 모두 오르기까지 22년이란 세월이 걸렸습니다. 히말라야에 모든 것을 바쳤죠. 그 과정에서 많은 실패를 경험했고 많은 동료를 잃었어요. 사람이 살면서 겪을 수 있는 모든 일을 저는 히말라야에서 다 겪었어요. 마찬가지로 제가 이루고자 했던 모든 꿈도 히말라야에서 다 이루었죠. 제가 산에서 무사히 내려와 있을 수 있는 것은 산이 엄청난 은혜를 베풀어 주었기 때문입니다. 적으나마 보답하고 싶었어요."

히말라야에 은혜를 갚겠다는 생각은 언제부터 하셨나요? "처음부터 그러지는 않습니다. 한창 16좌 완등에 매달리고 있을 때였어요. 완등에 가까워질수록 15좌, 16좌 등정이 너무나 간절했어요. 그런데 산에서 생기는 사고들이 얼마나 위험하고 무서운지 뼈저리게 느꼈기 때문에 죽음에 대한 공포가 컸어요. 몸소 체험해 깨달은 일들이라 그 공포를 극복하는 게 쉽지는 않았습니다. 그때 생각했어요. 내 꿈을 이루게 해 주신다면 당신에게, 히말라야에게 무언가를 반드시 보답하겠다고."

마치 신에게 기도하는 것 같습니다. "그런 셈입니다. 어느 순간 그런 마음을 가지게 되었어요. 일방적으로 내 요구만 들어 달라고 하는 게 아니라 내게 이것을 해 주면 나도 그에 상응하는 뭔가를 하겠다는 거였죠. 물론 제가 받은 혜택에 비하면 말도 안 되게 작은 것이겠지만 그래도 뭔가 보답해야겠다는 마음이 있었어요. 그런 마음가짐으로 산에 올랐고, 어느 순간 16좌 완등에 성공하고 산에서 내려왔죠. 산과 했던 약속을 지키겠다는 심정으로 시작하게 된 겁니다."

히말라야와 그곳 사람들을 돕는 다른 방식도 많았을 텐데 왜 하필 학교였습니까? "히말라야 등정 때 만난 천진한 아이들이 생각났어요. 그들이 살아가는 환경이 매우 척박합니다.

제대로 된 학교와 병원이 없는 환경을 운명으로 받아들이기 때문에 가난이 대물림되고 있어요. 가난의 굴레를 끊을 수 있는 것이 교육이라고 생각했어요. 끊임없이 배우고 깨우쳐야 삶을 변화시키고 삶의 질을 향상시킬 수 있으니까요. 교육을 통해서 꿈과 희망을 심어주고 싶었어요. 그래서 16개의 학교를 짓기로 했습니다."

고지대라 건물 짓기가 쉽지는 않겠죠? "첫 번째 학교는 해발 4060미터 고지 마을 팡보체에 세웠어요. 세계 최고봉 에베레스트 산자락입니다. 워낙 고지대라 공사 기간도 오래 걸리고, 특히 건축 자재 수급이 어려워요. 일반 도시에선 도로가 있고 차량 통행이 가능하니까 자동차로 자재를 운반하면 되지만, 우리는 그런 지역에 학교를 짓는 게 아니니까요. 오지를 찾아다니며 짓고 있거든요."

그럼 자재 운반은 어떻게 합니까? "첫 번째 학교의 경우 차로 갈 수 없는 지역이었어요. 경비행기에 건축 자재를 싣고 산골짜기 공항, 해발 2800미터에 위치한 루크라 공항에 물건을 내립니다. 거기서부터 야크가 자재를 메고 최소 2박 3일은 가야 학교에 도착해요. 포터가 짐을 지기도 하고. 급한 물자는 헬리콥터를 통해 수송합니다."

학교 하나 짓는 데 얼마나 걸리죠? "평균적으로 1년 정도 걸립니다."

비용은요? "보통 3~5억 정도 들어요."

오지인데 뭐 그리 많이 듭니까? 물가도 쌀 텐데. "올해 4월에 네팔에 대지진이 있었잖아요. 진도 7.8의 엄청난 크기였습니다. 9천 명 가까운 사망자가 발생했고, 문화 유적도 많이 무너졌어요. 그런 것들을 재건하려면 건축 자재가 필요합니다. 수요가 늘어서 자재 값이 폭등했어요. 그래서 요즘엔 평균 비용이 더 들죠."

학교에 지진 피해는 없었나요? "세 곳이 피해 지역에 있었습니다. 다행히 건물은 무사했어요. 마을 사람들이 학교 건물을 대피소로 활용했습니다."

학교를 16개 세우겠다고 하셨는데 16좌 완등을 기념하려고 그러시는 겁니까? 여력이 되면 더 짓지 그러세요? "물론 제가 16좌를 완등해서 16개 학교를 목표로 삼는 것은 맞습니다. 그런데 현재 목표는 16개 학교지만, 학교 외에도 부수적 건물들이 많이 필요합니다. 학생들이 사는 마을과 학교까지 거리가 멀어서 기숙사가 있어야 해요. 학교를 완공한 이후에 기숙사를 4개 정도 지어야 할 것 같습니다. 헬기장도 필요하죠. 의료진 숙소도 필요하고. 병원은 있는데 의료진들이 묵을 숙소가 없어요."

휴먼재단에서 의료 사업도 하십니까? "저희가 지은 건 아니에요. 병원은 원래 있었죠. 그런데 숙소가 없어요. 애초 책정된 예산으론 숙소 딸린 병원을 세울 수 있었을 겁니다. 예를 들어 원조로 1억 원을 받았다고 합시다. 그러면 네팔은 부패가 워낙 심해서 1억 원짜리 병원이 만들어지는 게 아니라 3분의 1도 안 되는 3천만 원짜리 병원이 만들어져요. 병원이라기보다 보건소 수준이죠. 그러다 보니 의료진 숙소가 없어요. 그래서 저희가 숙소를 대신 지으려고 하는 겁니다. 그 외에도 부수적인 일들이 자꾸 생기고 있습니다."

이런저런 인도적 사업을 펼치고 계시니 네팔에선 대접이 융숭하겠습니다. "네팔은 제게 고향이나 마찬가지예요. 1985년부터 히말라야 원정을 다녔으니 세월이 많이 흘렀죠. 거기 친구들도 많습니다. 정치, 경제계 인사들도 많이 알고 지내고. 재단을 만들어서 학교를 짓다 보니까 교육부 장관, 차관도 알고 있고. 네팔 대통령은 두 번 정도 만났습니다. 초청을 받아서 이야기를 나눴어요."

고위층과 연이 있으니 사업 편의도 봐주겠군요. "그렇긴 한데 오히려 제게 요청을 합니다. 교육부에서 어느 지역에 학교를 지으면 좋겠다는 식으로. 요청이 들어오면 현장에 직접 가서 학생 수와 마을 인구, 교육열을 확인합니다. 그들이 진정 학교를 원하는지, 이 마을이 지속 가능한 발전을 할 수 있는 상태인지. 모든 사항을 파악한 뒤에 학교를 짓습니다."

혹시 네팔 공항에 내리면 국빈처럼 입국 심사 없이 별도 게이트로 나가십니까? "아뇨. 그런 건 아니에요. 받을 건 다 받아야죠."

네팔 출장 외에는 요즘 어떻게 지내세요? "재단 업무가 제일 중요합니다. 비상근이지만 웬만한 업무를 여기서 다 봐요. 사람을 만나거나 오늘처럼 인터뷰를 할 때도 여기서 합니다. 개인적 업무로는 밀레(아웃도어 브랜드) 기술 고문을 하고 있어요. 거기서 산과 관련된 행사, 대표적으로 매달 마지막 주 금요일에 '엄홍길 대장과 함께 하는 대한민국 명산 16좌'라는 산행에 참가하고 있습니다. 그리고 중학교 2학년 학생들을 데리고 매달 둘째 주 토요일에 산에 갑니다. 제가 살고 있는 강북구 관내에 남녀 중학교가 12개 있어요. 각 학교에서 5명씩 추천을 받아서 총 60명과 함께 산에 오릅니다. 보통 중2를 질풍노도의 시기라고 하잖아요. 모범생과 문제아를 섞어서 같이 산에 갑니다."

업무나 행사 목적 말고는 따로 산에 안 가십니까? "주말에 지인들하고 가죠."

그건 순전히 사적인 산행인가요? "그렇습니다. 가까운 사람들이랑 등산하는 거죠. 제가 지금 삼각산 밑에 살고 있어요. 4·19 국립묘지 근처인데, 집에서 나오면 온통 산이라 운동 삼아 혼자 산에 오르기도 합니다. 바쁠 때는 자주 못 가지만 그래도 일주일에 한두 번 정도는 산에 올라요."

혼자 산행해도 알아보는 분들이 많아서 좀 불편하시죠? "보통 평일 아침에 올라가니까 그렇지도 않습니다. 생각할 시간이 많죠. 자연과 제가 그동안 못했던 이야기들을 나누면서 함께 호흡하는 것을 느낍니다. 깊이 생각할 수 있는 시간이 되는 거죠. 마음이 답답할 때 저는 무조건 산에 갑니다. 산에 올라갔다 내려올 때쯤이면 문제가 어느 정도 해결되고 답이 나와 있어요."

삼각산 말고는 서울에서 어느 산을 자주 가십니까? "경기도 의정부에 있는 제 모산母山 원도봉산을 자주 갑니다."

겨울비치고 제법 많은 비가 내리고 있었다. 엄홍길은 공기가 탁하다며 창문을 열었다.

"어휴. 왜 이렇게 숨이 막히지?"

그는 심호흡하며 고개를 빙빙 돌렸다. 평지에선 힘을 못 쓰는 고산족 같았다. 그는 양복 상의를 벗고 빨간색 등산 재킷을 입었다. 맑은 공기 덕분인지, 아니면 익숙한 복장 덕분인지 그의 얼굴에 일순 생기가 돌았다.

평상시에 등산복을 즐겨 입으세요? "시내에선 잘 안 입습니다. 산에 갈 때나 입죠. 일상에서는 지금처럼 캐주얼을 주로 입습니다."

그에게 캐주얼은 양복바지에 등산용 재킷을 걸친 상태를 말한다.

가끔 북한산이나 도봉산에 가 보면 우리나라 산에선 필요 없는 첨단 소재의 고가 등산복을 걸친 사람들이 많더군요. "그건 맥락을 잘 모르고 하는 얘깁니다. 예를 들어 골프를 한다고 칩시다. 골프 하는데 수영복 입습니까? 슬리퍼 신고 축구합니까? 등산을 가는데 구두 신고 청바지를 입을 순 없는 겁니다. 등산에 적합한 기능성 소재로 만들어진 의류와 신발이 있어요. 그것들을 착용하고 가야 편하죠."

전에 비해 언성이 높았다. 그는 현재 등산복 브랜드의 기술 고문을 맡고 있다.

필요 이상의 고가, 고기능성 등산복을 입어야 할 이유가 있느냐는 말입니다. "기능성의 유무는 큰 차이입니다. 재킷 하나 입었을 때와 입지 않았을 때의 차이가 굉장히 큽니다. 산에서는 온도가 일정하지 않아요. 올라갈 수도 낮아질 수도 있죠. 이를 대비해 옷을 입고 장비를 갖춰야 합니다."

그럼 동네 뒷산에 갈 때도 히말라야 원정대처럼 입어야 한다는 얘깁니까? "물론 청계산에 가면서 히말라야 오를 때 필요한 다운 파카를 입는 건 말이 안 되겠죠. 하지만 기본적인 복장은 갖추는 것이 좋습니다. 평상시에는 고가와 저가, 기능성과 비기능성의 차이가 별로 없겠죠. 하지만 산에서 문제가 발생하면 기능성과 비기능성의 차이는 하늘과 땅 차이입니다. 위험한 상황에 처했을 때 그것들이 우리의 생명을 지켜 주니까요. 축구를 하다가 다리가 부러지면 바로 구급차를 부르면 돼요. 그런데 산에서는 다릅니다. 산에서 사고가 나면 자신을 지킬 수 있는 유일한 것은 자신이 하고 있는 장비입니다."

엄홍길은 1960년 경상남도 고성에서 2남 2녀의 장남으로 태어났다. 세 살 때 부모님을 따라 경기도 의정부시로 올라왔다. 부모님은 원도봉산 중턱에서 등산객을 상대로 음식을 팔았다. 그에겐 도봉산이 앞뜰이었다.

산 중턱에서 자랐으니 산에 얽힌 추억이 많겠습니다. "제게는 산 전체가 놀이터였어요. 온 산을 헤집고 다녔죠. 하지만 어렸을 때는 산이 싫었습니다. 산에서 내려와야 학교에 갈 수 있는데 도로까지 나가는 데만 40분이 걸렸어요. 수업이 끝나면 다시 산을 올라가야 했죠. 날씨가 좋으면 괜찮지만 눈이나 비가 올 때는 도시에 사는 친구들이 부러웠어요. 60년대에 산에 있던 집이 시설이 어땠겠습니까. 부모님 원망도 많이 했죠. 산을 내려가고 싶었고, 산이 싫을 수밖에 없었습니다."

그러다 중학교 2학년 때 등반의 매력에 눈을 뜬다.

"저희 집에서 10분쯤 올라가면 두꺼비가 입을 벌린 것처럼 생긴 두꺼비 바위가 있어요. 거기서 등반 훈련을 하는 산악인들이 많았습니다. 중학교 2학년 때 남들 암벽 등반하는 거 구경하다가 저도 배우게 되었어요. 그때부터 이 세계에 호기심을 갖게 되었죠."

전문 산악인이 되겠다는 꿈을 가진 건 언제죠? "중학교 2학년 때 산에 눈을 뜨고 고등학교에 진학했습니다. 1977년에 고상돈 선배님께서 한국인 최초로 에베레스트에 오르셨어요.

고상돈 선배님이 정상에 오른 사진을 보면서 심정이 어땠을까 상상했습니다. 그때 선배님께서 태극기를 흔들던 모습이 인상에 강하게 남았어요. 저도 기회가 된다면 에베레스트에 도전하겠다고 막연하게나마 생각했어요. 고등학교 때도 산에 다녔지만 졸업과 동시에 완전히 산에 빠져 살았죠."

고등학교를 졸업한 그는 설악산으로 향했다. 선배가 운영하는 산장에 들어가 1년 반을 살았다. 산장 일을 돕다가 남는 시간엔 설악산의 계곡과 능선, 암벽과 빙벽을 올랐다. 등반 기술과 체력, 정신력을 단기간에 길렀다. 설악산 입산이 통제되는 겨울철에는 전국 각지의 명산을 돌아다니며 등반 기술을 연마했다. 그러다 입대 영장이 나왔고 해군에 지원한다.

해군 특수 부대 출신이라 들었습니다. "대한민국 남자라면 누구나 3년이란 시간을 군에서 보내야 하는데, 정말 알차게 보내고 싶었습니다. 그전까진 산에서 살았으니까 군 생활만큼은 바다에서 하고 싶었죠. 해상병 훈련을 마치고 배를 탔는데 뭔지 모를 답답함이 느껴졌어요. 군 생활도 굉장히 편했고. 끝없이 넓은 수평선이 있기는 했지만 배라는 공간 자체가 너무 작고 갑갑했어요. 그러던 어느 날 해군 UDT 모집 공고를 보고 바로 이거다, 하고 지원했습니다."

주변에서 뭐라고 하던가요? "주위에선 많이 반대했죠. 다들 편한 걸 찾아가는데 너는 왜 일부러 그러느냐, 거기 가면 죽는다, 이러면서. 사람들이 만류할수록 더 가고 싶었어요. 더 도전하고 싶고."

힘든 일만 고집하는 이유가 있습니까? "글쎄요…… 그런 DNA를 타고난 것 같아요. 어디에 안주하거나 편안한 상태를 원하지 않아요. 그런 것들엔 금방 싫증이 납니다. 나태한 내 자신이 싫거든요. 무언가 계획을 세우고 이루어 나가는 것이 더 편해요. 힘들고 어렵고 불가능해 보이지만 그걸 가능케 하는 게 좋습니다. 직접 몸을 부딪치는 게 저한테 맞아요."

1984년 9월 군대를 제대한 그는 다시 산으로 향했다. 혹독한 훈련으로 유명한 해군 특수 부대에서도 마라톤과 수영은 언제나 선두였다. 26세 청년의 체력과 정신력은 완벽했고, 등반 기술은 절정에 달해 있었다. 그를 눈여겨본 선배가 에베레스트 원정을 제안했다.

1985년 겨울에 첫 해외 원정인 에베레스트 원정을 떠났습니다. 당시 대원을 선발할 때 테스트가 있었습니까? "그런 건 없었습니다. 저는 선배 소개로 대원에 선발되었어요. 하지만 능력도 안 되고 기량도 안 되는 사람을 소개받는다고 데려가는 건 아니에요. 우리가 가고자 하는 산과 루트를 소화할 수 있는 기술적 능력을 갖춘 사람이 필요하기 때문입니다."

난생 처음 히말라야에 가셨는데 기분이 어떠셨나요? "소풍 가기 전날 밤처럼 설렘이 컸습니다. 설레면서도 막연한 두려움이 앞서고. 만감이 교차했죠."

실패할 수도 있다는 생각은 없었나요? "그땐 거침없었죠. 못 오를 산이 없다고 생각했어요. 어떤 기술과 체력을 요하더라도 나는 최고다, 하고 자신만만했어요. 자신감이 극에 달했을 때였죠. 하지만 그런 생각은 낮은 산에서나 하는 생각이고, 8000미터 산에서는 해서는 안 되는 생각이었습니다."

근데 왜 하필 겨울에 가셨습니까? "사실 겨울철 등반이 엄청나게 어렵고 힘들고 위험해요. 그런데 당시엔 에베레스트 입산 허가를 루트 하나당 한 시즌에 한 팀만 받을 수 있었습니다. 봄과 가을엔 다른 팀들이 많아서 갈 수가 없었어요. 입장료를 내면 등반 허가증이 나오는데, 봄가을 시즌은 3년 전부터 예약이 꽉 차 있었거든요. 그해 겨울에 갈 수밖에 없었죠. 그런데 그 루트가 매력이 있기도 했어요. 힘들고 어렵고 위험한 루트라 도전할 가치가 있었거든요."

처음 경험한 에베레스트의 겨울은 어땠습니까? "베이스캠프에 앉아 있으면 초음속 전투기가 이륙하는 것처럼 찢어지는 바람 소리가 납니다. 다운재킷을 입고 따뜻한 차를 마시려 해도 따라 놓으면 금세 식고 살얼음이 얼어요. 영하 30도까지 떨어지니까 바람이라도 불면 체감 온도는 상상도 못할 정도로 내려갑니다."

첫 원정에선 결국 실패하셨는데. "희박한 공기를 마시면서 산에 오르는 고통은 말로 표현할 수 없습니다. 그리고 예측할 수 없는 기상 변화, 산에서 일어나는 돌발 상황을 극복하는 일이 정말 힘들었어요."

산소가 부족하면 어떤 증상이 나타나죠? "두통이 대표적입니다. 머리가 엄청나게 아파요. 말도 못해요. 두통에 시달리니까 무기력해지죠. 무언가를 먹고 싶은 마음도 없어집니다. 옆에 아무리 아리따운 여자가 있어도 보고 싶지도 않아요. 심해지면 뇌수종, 그러니까 뇌에 물이 찹니다. 폐에 물이 차는 폐수종도 생기고. 혈액 순환이 잘 안 됩니다. 뇌수종, 폐수종에 걸린 대원은 빠르게 저지대로 보내야 합니다. 조금만 더 참으라는 식으로 말해서는

절대로 안 돼요."

산소마스크를 쓰면 되지 않습니까? "그걸 계속 쓰는 건 아닙니다. 8000미터 이상에서 정상 직전에만 써요. 안 쓰는 산이 더 많고요."

남한 최고봉인 한라산의 높이는 1950미터. 에베레스트는 베이스캠프가 5400미터에 있다. 본격적인 등반이 시작되는 초입부터 이미 한라산 높이의 두 배가 넘는다. 고소를 처음 경험한 엄홍길은 7700미터 지점에서 후퇴했다. 처참한 실패를 뒤로하고 이듬해 다시 도전한다.

"두 번째도 실패했습니다. 큰 사고가 발생해서…… 술딤 도르지라는 셰르파가 암벽을 오르다가 절벽 아래로 떨어졌어요. 시신을 찾으려고 내려갔지만 찢어진 배낭과 피 묻은 옷자락만 바위에 끼어 있었습니다. 시신은 크레바스에 빠졌어요. 그 안으로는 절대 들어갈 수가 없어요. 포기하고 내려오는데 죽은 셰르파가 살았던 마을을 지나가게 되었습니다. 홀어머니와 결혼한 지 4개월밖에 안 된 어린 부인이 울고 있더라고요. 눈물을 감당할 수가 없었죠. 그때 에베레스트를 저주했습니다. 다시는 이곳에 오지 않겠다, 저 산을 쳐다보지도 않겠다고 다짐했어요."

그가 휴먼재단을 설립하고 첫 번째 학교를 지은 팡보체는 술딤 도르지의 고향이다.

그래도 2년 뒤 산으로 다시 돌아왔는데요. "어쩔 수가 없었습니다. 저주의 대상이던 산을 포기할 수가 없었어요. 그리고 생각도 바뀌었습니다. 에베레스트에 오르다 죽은 동료를 위해서라도 에베레스트 정상에 서야겠다고. 그래서 88올림픽을 앞두고 세 번째로 도전했고, 성공했습니다. 그제야 '히말라야가 나를 받아주는구나'라는 것을 느꼈어요."

그는 남의 얘기하듯 덤덤히 말했다. 히말라야에서 숱한 죽음을 목도한 탓인지, 대자연 앞에서 인간의 목숨은 티끌에 불과하기 때문인지는 알 수 없었다. 나는 좀 세속적인 얘기를 하기로 했다.

8000미터 고산에 오르려면 비용이 얼마나 듭니까? "에베레스트 같은 경우는 입산료가 비싼니다. 많이 올랐어요. 5명 기준으로 입산료만 7000만 원 정도 합니다. 거기다 산에 상주하는 비용이 추가되죠. 식량, 장비, 그리고 그걸 포장도 해야 하고. 짐을 운송할 현지인도 고용해야 하니까 인건비도 많이 들어요. 이것저것 합하면 에베레스트는 5명 기준으로 평균 3억 원 정도가 듭니다. 다른 8000미터 산은 입산료가 1200만 원 정도고, 평균 2억 원 정도가 소요됩니다."

정상에서 기업 로고가 적힌 깃발을 흔드는 이유가 거기 있군요. "90년대엔 히말라야라는 단어 자체가 일반인에겐 생소했어요. 원정비 마련이 굉장히 힘들었죠. 우리나라는 미지의 세계에 대한 탐험 정신이 다소 부족합니다. 침략을 미화하는 건 아니지만 우리는 외세에 당해만 왔지 세계로 나아가진 못했어요. 반면에 유럽 강대국들은 도전 정신을 높이 평가합니다. 히말라야 등정도 국가적으로 지원해 왔죠. 우리나라는 그렇지 않아서 경비 마련이 쉽지 않아요."

후원은 어떻게 받는 겁니까? "원정 계획이 세워지면 예산을 마련하기 위해서 1~2년 전부터 준비해야 합니다. 고산 등반이나 자연과 관련된 업체를 쫓아다니면서 홍보실 사람들을 만나는 거죠. 금전적 지원을 최대한 많이 끌어내야 하는데, 그때그때 액수와 조건에서 차이가 있습니다. 식량으로 주는 경우도 있고. 등반하는 것보다 후원받는 게 더 어려워요."

과장이 아닌 모양이었다. 인터뷰 내내 요점만 간단히 말하던 그는 말을 덧붙였다.

"예산이 확보되면 성공해야 한다는 압박감이 생깁니다. 그런 부분들이 상당히 힘들고 어려웠죠. 산에 올라서는 변화무쌍한 기후를 예측하고 파악해 대처하는 일이 엄청난 정신적 압박이에요. 눈이 쏟아지는 상황에서도 산을 올라가는데 마음이 열리겠습니까?"

후원해 주는 기업이 있기 때문에 실패해선 안 된다는 부담이 크다는 얘긴가요? "그렇죠. 신경을 안 쓸 수가 없습니다. 정상에서 협찬사 깃발을 들고 사진을 찍어야 하니까요. 그 회사도 홍보를 해야 하니까."

1985년 첫 원정 비용은 어떻게 모았습니까? "대원들이 각출해서 얼마씩 회비를 걷었고, 그 다음에 스폰서 협찬을 조금 받았습니다."

제대하고 얼마 안 되었는데 회비는 어떻게 내셨죠? "부모님이 해 주셨습니다."

적은 금액이 아니었을 텐데 부모님이 등산하라고 큰돈을 선뜻 내주시던가요? "예를 들어 비용이 1억 원이고 대원이 10명이면 1000만 원씩 내는 게 아닙니다. 대장은 얼마 더 내고, 등급에 따라 차등적으로 비용을 부담합니다."

평생 산만 타셨는데, 혹시 직장 생활을 하신 적은 없습니까? "평범한 직장 생활은 해 보지 않았습니다. 예전에 선후배들과 동업으로 어드벤처 여행사를 차린 적은 있어요. 네팔에서 게스트 하우스도 했었고."

게스트 하우스요? "1988년 가을에 에베레스트 등정에 성공한 다음에 1년 정도 했어요. 그때만 해도 해외여행 자유화가 실시되지 않았습니다. 여권 발급도 힘들었고, 발급돼도 단수 여권이라 한 번 나갔다 오면 다시 만들어야 했어요. 한 번 만드는 데 몇 달씩 걸렸어요. 신원 조회도 다시 해야 하고. 차라리 네팔에 숙소를 차리면 히말라야에 자주 갈 수 있겠다는 생각을 했습니다."

장사는 잘 됐습니까? "잘 됐습니다. 그런데 장사가 잘 되니까 산에 갈 시간이 없었어요. 그래서 선배에게 인계했죠. 나이 들어서 하면 좋겠지만 혈기왕성한 젊은이가 거기 가만히 있는 건 제 기준에는 마음에 들지 않더라고요."

1988년 가을 에베레스트 등정에 성공한 이후 실패가 이어졌다. 4년간 6번의 원정에서 정상을 밟지 못하고 내려왔다. 1992년 여름엔 낭가파르바트에서 동상에 걸려 발가락 두 개를 일부 절단했다. 포기하고 싶은 적도 있었지만, 돌아서면 이내 히말라야가 생각났다. 마침내 1993년 가을 초오유-시샤팡마 연속 등정에 성공한다. 1995년부터는 스페인의 세계적 산악인 후아니토 오아르자발Juanito Oiarzabal과 함께 팀을 이루어 마칼루, 브로드피크, 로체, 가셔브룸 I, 안나푸르나에 올랐다.

스페인 산악인들과 의사소통은 어떻게 했습니까? "영어로 합니다. 그런데 저는 스페인어에 상당히 정감이 가요. 참 듣기가 좋거든요. 기본적인 스페인어는 할 줄 압니다."

외국인들과 같이 원정에 나서는 경우가 국내 산악계에서 흔한 일인가요? "아뇨. 외국인들, 특히 유럽 사람들한테 초청을 받아서 간 건 처음이었습니다. 스페인 친구들과 5번을 함께 갔는데, 그 친구들이 준비를 다 했죠. 저한테는 왕복 항공권과 개인 장비만 챙겨 오라고 했습니다. 금전적 도움을 많이 받았어요. 그러다 90년대 중반 이후로는 제가 독자적으로 팀을 꾸려서 갔습니다."

1995년 스페인 원정대와 로체에 오르실 땐 대원이 총 3명인 초미니 원정대였다고 들었습니다. "그때 스페인 원정대와 경량 등반을 하면서 그 방식으로 8000미터도 가능하다는 걸 느꼈습니다. 예산도 적게 들고 스피드나 효율성이 높았어요. 대원이 많으면 예산은 물론이고 운행 속도가 느려서 효율성이 떨어집니다. 최소한의 장비와 식량으로 최대한의 효과를 내기 위해서는 경량화가 중요하다는 점을 깨달았어요. 당시 우리나라의 등반 방식은 극지법이었습니다. 올라가서 캠프 만들고 내려왔다가, 다시 올라가서 길 뚫고 내려오고. 이렇게 오르락내리락하는 거예요. 그런데 스페인 원정대는 알파인 스타일이라고 해서 적응만 되면 바로 밀고 올라가는 거죠. 그때 경량 등반을 많이 배워서 나중에 한국 원정대를 데려갈 때 적용했어요."

우리나라 원정대는 왜 알파인 스타일을 택하지 않았나요? "대원이 적으면 대원 한 명당 갖고 있는 역량이 커야 합니다. 1인 3역 정도는 되어야 해요. 근데 그게 쉽지가 않죠. 당시만 해도 우리나라는 히말라야에 대한 경험이나 지식이 많지 않았습니다. 그러다 보니 우선 많은 인원을 보냈어요. 혼자 가서 길을 뚫는 것보다는 다섯 명이 올라가서 길을 뚫는 게 더 효과적이니까요. 당시엔 어쨌든 많이 데려가는 수밖에 없었어요."

대규모 원정대에선 정상을 밟는 대원이 있는가 하면, 아래에서 로프를 깔고 길만 뚫는 대원들도 있을 텐데 두 집단 사이에 불편한 감정은 없습니까? "그렇지 않습니다. 등반을 하다 보면 자연스럽게 순위가 정해집니다. 에베레스트는 8000미터 정도에 마지막 캠프가 설치돼요. 거기까지 오르는 과정에서 스스로 답이 나옵니다. 나는 7000미터까지 가는 게 맞겠다, 나는 정상까지 갈 수 있겠다는 식으로. 자신의 능력을 스스로 알게 됩니다. 거기서 자연적으로 순위가 결정되죠. 7, 8번 대원이 컨디션이 최고라면 정상에 올리는 거예요. 그러면 나머지 대원들은 뒤에서 그들을 도와줍니다."

1996년 봄 다울라기리 등정에 성공하면서 그는 8000미터 이상 봉우리 7개에 오른다. 히말라야 14좌 완등의 반환점이었다. 그즈음 '엄홍길 히말라야 14좌 완등추진위원회'가 구성되었고, 한 기업이 스폰서로 나선다. 언론에선 그의 14좌 완등 도전을 크게 보도했다. 1996년 가을 마나슬루 등반 때는 KBS 카메라맨이 동행 취재했다.

14좌 완등을 계획한 건 언제였습니까? "사실 저는 제가 14좌 완등을 할 거라곤 상상도 못 했습니다. 당시 14좌를 완등한 사람은 인류 역사상 세 명밖에 없었어요. 1995년에 후아니토와 마칼루를 등반했는데, 후아니토는 그때 이미 14좌 완등을 목표로 하고 있었어요. 후원해 주는 곳도 굉장히 좋아서 돈을 구하기 위해 어디를 찾아다닐 필요가 없었죠. 그 친

구와 몇 달을 함께 지내면서 왜 저 친구만 꿈을 꾸고 나는 꿈을 꿀 수 없을까 생각했어요. 그 이후 처음으로 14좌라는 꿈을 갖게 됐습니다."

8000미터 정상에 서면 어떤 생각이 듭니까? "정상에 오르면 우선 감사합니다, 고맙습니다, 하는 거예요."

누구한테요? "생사를 함께한 대원들, 그리고 운명을 달리한 대원들에 대한 감사와 고마움이죠. 조금 더 크게는 히말라야에 대한 감사입니다. 결국 히말라야가 저를 받아 주었기에 제가 올라가게 된 거니까요. 거대한 자연 속, 히말라야 안에서 인간은 아무것도 아닌 존재입니다. 올라갈 때 무리하게 욕심을 내고 자만심을 부리면 바로 그 순간 산이 용납하지 않습니다. 그런 부분에 있어서 저를 받아 주시고 선택해 주셔서 감사합니다, 하는 거예요."

정상에선 얼마나 체류하세요? "상황에 따라 다릅니다. 날씨가 쾌청하고 바람이 없으면 30분 정도 머무르고, 날씨도 안 좋고 위험하면 5분 만에 내려오기도 합니다. 기상 상황에 따라 다르죠."

그렇게 금방 내려갈 건데 왜 목숨을 걸고 거기까지 올라갑니까? "처음엔 산이 좋아서 올랐어요. 그 다음에는 도전의 대상으로 삼고 산에 오르기 시작했습니다. 그때는 제 의지대로만 하면 될 거라 생각했어요. 시간이 지나면서 많은 사고와 실패를 경험하고 동료들을 잃었어요. 전방에서 군 생활을 한 사람들은 전방 쪽으론 오줌도 안 눈다고 하잖아요. 그런데 전 산이 저에게 시련과 고통을 줄수록 그 세계에 점점 더 빨리 들어갔습니다. 저를 채찍질하게 만드는 거죠. 그래서 지금은 생각이 바뀌었어요. 산이 곧 나고, 내가 곧 산이라고. 산이 있으므로 내가 존재하고, 내가 있으므로 산이 존재하는 거라고."

내가 곧 산이라는 남편과 아버지를 둔 가족들의 심정은 어떨까.

한창 원정 다니실 때는 집을 얼마나 비우셨어요? "1년에 절반 이상은 외국에 있었습니다."

자녀들이 서운해 하지는 않던가요? "그때는 아이들이 어려서 그런 걸 생각할 연령은 아니었어요."

원정 다녀오시면 애들이 한 뼘씩 커 있었겠네요. "그렇죠. 오랜 기간 해외에 있다가 들어오면 훌쩍 커 있어요. 공항에 도착해서 아이들을 안으려고 다가가면 아이들이 도망가기도 했어요. 갔다 오면 한동안 서먹서먹했죠. 그런 생각하면 많이 미안해요. 아이들이 혼란스러

웠을 거예요. 저건 누구길래 가끔 있다가 훅 하고 사라지나."

요즘은 좀 어떠세요? "그나마 함께할 수 있는 시간이 늘어나서 예전보다는 많이 가까워졌어요. 네팔에 세 번째 학교 준공식이 열렸을 때는 아이들과 같이 네팔에 갔습니다. 준공식을 마치고 함께 해발 3500미터까지 트래킹을 했어요. 앞으로 더 많은 시간을 같이 보내야죠. 큰딸이 올해 고3이고, 아들이 고1이에요."

사모님은 어떻게 만나셨어요? "수영장에서 만났어요. 저는 등산 계획이 잡히면 수영을 하거든요. 집사람은 친구하고 놀러 왔고."

연애할 때도 원정을 거르진 않으셨겠죠? "그렇죠. 만나서 잠깐 있으면 저는 또 원정 가고, 돌아오면 잠깐 보고. 그런 식으로 세월이 흐르다가 1997년에 자연스럽게 결혼하게 됐습니다."

사윗감이 1년에 반은 히말라야에 가 있는데, 처갓집에선 반대하지 않던가요? "왜 반대를 안 하셨겠습니까. 많이 하셨죠. 집사람이 부모님을 설득했어요. 자기 삶을 부모님이 대신 살아 줄 것도 아니니까요. 집사람 의지가 워낙 강해서 어찌어찌 넘어가게 됐습니다."

아들딸이 태어날 땐 국내에 계셨습니까? "둘 다 출산할 때는 한국에 있었어요. 출산하고 바로 나갔죠. 두 아이 모두 예정일보다 10일 정도 빨리 나왔어요. 원래 예정일대로라면 못 보는 건데, 빠르게 나와서 보게 되었어요. 첫딸은 출국하기 직전에, 아들은 출국하기 전날 병원에서 아이를 보고 바로 비행기를 탔습니다."

그나마 다행입니다만 산후 조리 때는 곁에 계시지 못했군요. 요즘 남편들 같으면 큰일 날 텐데요. "그러니까 집사람한테 늘 미안하죠. 그래도 큰일을 하려면 그런 것은 감수해야 하지 않겠습니까."

사모님이 해외 원정을 반대하진 않던가요? "제가 8000미터 산을 오르는 건 취미나 건강 목적이 아닙니다. 목표를 정하고 그것을 달성하기 위해 가는 겁니다. 각자 나름대로 인생의 목표와 꿈이 있듯 저에겐 8000미터가 목표이자 꿈입니다. 집사람은 제가 건너오지 못할 강을 건너는 사람임을 알기에 그냥 묵묵히 내조하는 거죠. 가지 말라고 한다고 제가 안 갈 사람도 아니고."

원정 나갈 때는 뭐라고 하고 가세요? "짐을 쌀 때는 항상 비장한 마음이 들어요. 집을 나설

때 집사람한테 잠깐 네팔 좀 갔다 올게, 하고 나옵니다. 그렇게라도 말해야 집사람 마음이
조금이나마 편할 것 같아서."

그의 말마따나 놀러 다닌 건 아니지만 그래도 가족들은 얼마나 속이 탔을까. 그의 부인은
인터뷰를 한사코 거절했는데, 그 이유를 어렴풋이 알 것도 같았다. 우리는 다시 히말라야
얘기로 돌아갔다.

히말라야 등반 전에 하는 의식이 있습니까? "등반을 앞두고 라마제를 지냅니다. 라마제는
셰르파족이 산을 오르기 위한 하나의 절차예요. 우리나라로 치면 산신제나 마찬가지죠. 라
마제를 지내는 건 이제 저희가 당신의 영역으로 들어가겠습니다, 무사히 성공할 수 있도록
받아 주소서, 하고 산에 신고식을 하는 겁니다. 불자든 기독교 신자든 천주교 신자든 다 참
여해요. 기독교 신자들은 무속 신앙을 부정적으로 생각하고 절을 하지 않잖아요? 하지만
제를 마쳐야 산에 오를 수 있습니다."

그걸 누가 강제하는 겁니까? "라마제를 하지 않으면 현지인들이 절대 움직이지 않거든요.
종교가 달라도 제를 지낼 때는 모두가 머리를 조아립니다."

셰르파들을 고용해야 하니까 별수 없이 하는 건가요? "히말라야를 보면 절로 머리를 조아
리게 됩니다. 처음엔 라마 제단에 절하지 않는 사람도 있어요. 대장 밑으로는 다 하지만 단
장이나 부단장 같은 어른들 중에 안 하는 분들도 더러 있어요. 하지만 시간이 지나면 그분
들도 다 제단 앞에 머리를 조아리죠. 자연 앞에서는 종교를 떠나 고개를 숙이지 않을 수가
없습니다."

징크스 같은 것도 있겠죠? "등반할 때는 미역국을 먹지 않아요. 살생도 하지 않죠. 텐트에
모기가 들어와도 죽이지 않고 쫓아냅니다. 현지인들은 무언가를 불에 태우지 못하게 해요.
오징어 같은 걸 산에서 구워 먹으면 얼마나 맛있습니까. 그리고 쓰레기도 태워야 하는데
태우지 못하게 해요. 등반 중에는 현지인들이 금기시하는 사항들을 산악인들도 다 지킵니
다. 그들의 믿음을 미신이라며 무시할 수가 없어요. 고산에선 사람이 그런 부분에 예민해
집니다. 안 좋다고 하는 걸 굳이 할 필요가 없죠."

종교가 있으십니까? "불교예요. 어려서부터 산자락에 살다 보니까 불교문화를 일찍 접하
게 됐죠. 히말라야엔 자연 신앙이 강하지만 불교가 바탕이 됩니다. 그 사람들과 생활하다

보니까 자연스레 불교 신앙을 가지게 되었어요."

네팔은 힌두교의 나라 아닌가요? "네팔에 50여 개의 종족이 있어요. 그중 고산 종족인 셰르파족은 불교를 믿습니다."

고산 등반 중에 식사는 어떻게 하십니까? "베이스캠프에선 제대로 된 음식을 해 먹고, 위로 올라가면 여력이나 공간이 없으니까 소형 가스로 얼음을 녹여 물을 만들고 컵라면을 먹거나 합니다. 한국 사람은 라면이니까."

혹시 고산에서도 술이나 담배를 하나요? "대장에 따라 다르지만 전반적으로 담배는 허용하지 않습니다. 물론 몰래 필 수도 있겠지만 대장 앞에선 있을 수 없는 일이에요. 심한 대장은 하산시키기도 합니다. 고산에서 술은 유흥 목적보다는 약의 의미가 강합니다. 베이스캠프에선 가능하지만 그 이상에선 절대로 안 되죠. 죽음을 자초하는 일이니까요. 베이스캠프를 설치하고 항상 산에 올라가는 건 아니니까 가끔 대원들 휴식을 위해서 베이스캠프로 내려오라고 합니다. 그때 대장의 권한으로 술을 줍니다. 도시에서만큼 많이 먹지는 않고, 심리적 압박감을 해소하기 위해 몇 잔 마시고 푹 자는 거죠. 다 끝나고 내려와서는 성공했든 실패했든 많이 마십니다."

용변은 어떻게 해결하십니까? "베이스캠프에는 변을 보는 통이 있어요. 소변과 변을 따로 봅니다. 꽉 차면 포터가 와요. 우리는 보통 '똥 포터'라고 하는데, 무게를 달아서 킬로그램당 얼마씩을 관리 공단에 냅니다."

베이스캠프 위에선 산에서 그냥 해결하나요? "그렇죠. 베이스캠프 위에선 현장에서 바로 해결하죠. 변기를 가지고 갈 수 있는 것도 아니고."

대장님께서는 등반 중에 굉장히 엄격하다고 들었습니다. "엄격해질 수밖에 없죠. 느슨해서는 절대로 안 됩니다. 느슨하면 방심하게 되고, 방심하면 안전 불감증이 생겨요. 별것 아니라고 생각했던 일로 사고가 나 목숨을 잃게 됩니다. 그러다 보니 사소한 부분까지 항상 체크해야 해요. 체크하고 또 체크하고."

굵직한 의사 결정만 내리는 게 아니라 사소한 부분까지 대장이 챙깁니까? "사소한 것을 쉽게 생각하고 무시하면 화를 부르게 됩니다. 예를 들어 산에서는 신발을 한번 신으면 등반이 끝날 때까지 벗을 수가 없습니다. 산악인들이 신는 신발은 일반 등산화 같은 신발이 아니에요. 이중화에다 내피와 외피, 그리고 밖에 게이터(발목부터 무릎까지 감싸주는 장비)까지 있습니다. 신발 하나 신는 데 한 시간씩 걸려요. 이런 신발에 뭔가 들어가 있다면 큰일이 납니다. 양말 하나 신는 것부터 체크하지 않을 수가 없습니다."

대장은 또 어떤 일들을 하죠? "대장은 대원들의 생사를 쥐고 있습니다. 대장이 올라가라 하면 올라가고, 내려가라 하면 내려가야 합니다. 대원들 개개인의 체력과 기술, 마음가짐이 다 달라요. 지형과 민감한 기상 상황, 대원들의 상황을 종합적으로 체크해서 빠르게 판단하는 겁니다."

대장의 가장 큰 역할은 뭡니까? "대원들을 최대한 많이 정상에 올리는 것이죠."

말 안 듣는 대원은 없었습니까? 하산을 지시했는데 내려가지 않고 버틴다던가. "없었습니다. 난 7000미터까지 갈 수 있겠다, 난 6000미터까지다, 그건 본인 스스로가 가장 잘 알아요. 반복적으로 올라갔다 내려갔다 하다 보면 스스로 알게 됩니다. 대장의 역할은 절대적입니다. 많은 경험과 판단력으로 모든 상황을 파악해서 대원들에게 지시하고, 대원들의 힘을 한곳에 집중시켜야 합니다. 등반이 가능한 여건을 만드는 거죠. 대원들은 대장이 시키는 일만 하면 되지만 대장은 모든 사항을 꿰뚫어야 합니다. 대원들의 심리 상태에서 체력 상태까지. 그래야만 오늘은 누구를 운행시켜야겠다, 누구는 쉬게 해야겠다, 이런 걸 판단할 수 있습니다."

산악인들은 등반을 '운행'이라고 말한다.

대장님은 등반 스타일이 어떤 편인가요? "저돌적이라고 봅니다. 남들이 하는 걸 가만히 지켜보거나 앉아서 지시하는 성격은 못 됩니다. 직접 앞장서서 대원들을 이끌고, 길을 만들고, 헤쳐 나가 극복하는 타입이죠."

그는 저돌적이고 추진력 있는 등반 스타일로 유명하다. 별명은 탱크. 그런 스타일에 단점은 없을까.

저돌적인 등반 스타일 때문에 대원들이 사고를 당하는 건 아닐까요? 역시 14좌 완등을 달성한 한왕용 대장은 안전제일 스타일이라 대원들이 크게 다치거나 사고를 당한 적이 없다고 하던데. "그걸 그렇게만 표현해선 안 됩니다. 등반을 안전 위주로 한다는 것은 다르게 말하면 확실할 때만 움직인다는 겁니다. 도전이라는 건 불확실성에 대한 도전입니다. 완전

할 때까지 기다렸다가 등반한다? 그건 말이 안 돼요. 물론 개인적인 생각과 사고의 차이가 있겠지만."

그는 할 말이 많아 보였다.

"저돌적이고 밀어붙이는 스타일 때문에 동료를 잃은 것은 절대 아닙니다. 그때 상황이 그랬던 겁니다. 눈사태가 예고하고 쏟아지는 건 아니지 않습니까? 사이렌 소리가 울리고 눈사태가 납니까? 돌이 떨어질 때 떨어진다고 얘기하고 떨어집니까? 히든 크레바스(눈에 덮여 보이지 않는 빙하의 갈라진 틈)가 저 밑에 가면 눈이 갈라져 있다고 예고합니까? 산에서 일어나는 사고는 밀어붙이거나 소극적으로 한다고 해서 나고 안 나는 게 절대 아닙니다. 단지 그때의 모든 상황들이 맞아떨어져서 일어나는 겁니다."

그럼 산에서 죽는 첫째 원인은 뭡니까? 개인의 실수인가요? 아니면 대장의 판단 미스? "자연적인 원인이 가장 큽니다. 인간이 눈사태를 어떻게 막겠습니까. 눈사태가 가장 큽니다. 그리고 히든 크레바스에 빠지는 경우도 있고, 낙석이나 낙빙도 있고. 또 기상에 대처하지 못하면 동사합니다."

산에서의 생사는 결국 운에 달렸다는 말씀인가요? "결국 운이죠. 개인의 의지도 중요하지만 뭔가 보이지 않는 기운이 있습니다. 산이 나를 받아 주지 않으면 내가 아무리 뛰어나도 안 되는 겁니다. 진인사대천명이에요. 8000미터를 넘어가면 인간 의지대로 되는 것에는 한계가 있습니다. 그 다음부터는 에너지와 기운이 나를 받아 주고 끌어 줘야 무사히 오를 수 있고 내려올 수 있습니다."

히말라야의 신이 그에게 쉽게 허락하지 않았던 산은 어디였을까.

"안나푸르나였습니다. 4전 5기 끝에 등정에 성공했지만 아끼는 동료를 세 명이나 잃었습니다. 네 번째 원정에선 오른쪽 발목이 부러졌어요. 앞서 올라가던 동료가 미끄러지는 걸 보고 살리려고 순간적으로 줄을 잡아채다가 함께 미끄러졌어요. 그때 로프에 발이 걸려서 발목이 180도 돌아갔죠. 사고 지점이 워낙 위험한 곳이라 텐트를 칠 수도 없었어요. 경사가 가팔라 부축을 받기도 어려웠고. 스스로 극복해야 했습니다. 대나무를 부목으로 대고 2박 3일 동안 걸어서 베이스캠프까지 겨우 내려왔어요. 그때를 생각하면 지금 이곳에 두 발을 딛고 서 있는 게 믿기지가 않아요. 한국에 긴급 이송되었는데 의사가 고산 등반은 더 이상 못한다고 했습니다."

그래도 그는 다시 일어섰다. 사고 10개월 만에 금속 핀을 박은 다리로 안나푸르나에 다시 도전했다. 그리고 정상에 오른다.

"사람들이 그래요. 대장님은 아프지 않느냐고. 저도 사람인데 당연히 아프고 힘들죠. 그런데 중요한 건 의지인거 같아요, 의지. 무엇보다 의지가 가장 우선적이어야 한다고 생각해요. 체력이 강하다고 산에 오를 수 있는 게 아니에요."

16좌 완등에 성공하기까지 동료들을 몇 명이나 잃었습니까? "10명입니다. 살면서 가장 후회되는 일이 그거예요. 동료들을 잃은 게 항상 안타깝고 가슴이 아픕니다."

고故 박무택 대원 얘기를 하지 않을 수가 없습니다. 대장님과는 여러 차례 원정을 함께했는데, 2004년 5월 에베레스트에서 사고를 당했습니다. "사고 소식을 한국에서 들었어요. 그때 저는 15좌인 얄룽캉 등반에 성공하고 한국에 먼저 들어와 있었어요. 귀국하고 하루 이틀 지났는데 등정에 성공했다는 소식을 들었습니다. 그런데 한두 시간 지나서 바로 비보가 날아온 겁니다. 시신이 실종된 것도 아니고 산을 올라가는 길목에 얼은 채로 바위에 딱 붙어 있다고 하는데…… 어떻게든 내가 가서 수습해야겠다는 생각이 들었어요. 그래서 2005년에 휴먼원정대라는 팀을 꾸려서 시신을 수습하러 갔습니다."

거침없이 말하던 그는 잠시 멈추었다. 차를 한 모금 마시고 얘기를 이어 갔다.

"시신을 수습하고 끌어안았는데 너무 찬 거예요. 1년 동안 거기서 눈보라에 노출되어 있었으니. 끌어안으면서 말했어요. 이놈아, 너 왜 여기서 이러고 있느냐, 너 나랑 로체샤르에 같이 오르기로 했잖아, 네 가족이 기다리고 있지 않나, 나랑 같이 한국으로 가자……."

둘은 히말라야 4개 봉우리를 함께 올랐다. 2000년 봄 칸첸중가 원정에서는 8500미터 지점에서 죽음의 비바크(텐트를 사용하지 않고 하룻밤을 보내는 일)를 함께 견뎠다. 에베레스트 정상 바로 아래에서 로프에 매달린 채 1년을 기다린 박무택의 시신은 휴먼원정대에 의해 수습되었다. 엄홍길은 얼음덩어리가 된 그를 부여잡고 울었다. 운구용 가방까지 가지고 갔지만 8000미터 고산에서 시신을 들고 내려올 수는 없었다. 대원들의 목숨까지 위태로울 수 있었다. 엄홍길은 티베트 고원과 히말라야 산봉들이 내려다보이는 곳에 박무택의 시신을 묻었다. 8750미터 고산에서 숨진 동료의 시신을 수습한 건 세계 등반 역사상 유례없는 일이었다.

동료의 숱한 죽음은 물론 대장님도 죽을 고비를 여러 번 겪으셨습니다. 포기하고 싶진 않던가요? "물론 사고 당시에는 살려고 얼마나 발버둥을 쳤겠습니까. 그런데 막상 위기의 순간을 벗어나게 되면 다시 마음이 돌아와요. 아, 살았구나, 다시 한 번 올라가야지, 하고 또 올라간 겁니다."

2000년 봄 칸첸중가 원정에선 형제처럼 지내던 셰르파가 낙빙落氷에 맞아 숨졌습니다. 대장님께선 시신을 수습하고 베이스캠프에 한동안 머물다가 다시 정상 공격에 나섰는데, 저 같은 보통 사람은 도저히 이해가 안 됩니다. 심적으로 완전히 무너졌는데 어떻게 다시 올라갈 생각을 하셨습니까? "당시 베이스캠프에서 열흘 정도 텐트에만 있었습니다. 식사할 때만 잠깐 나가고. 헬리콥터에 시신을 태워 보내고 계속 고민했어요. 올라가느냐 마느냐에 대해서요. 그러다 결론을 내렸죠. 한 번 오는 게 쉽지 않고, 정상까지 가는 길을 우리가 다 만들었는데, 거기서 포기하는 것이 굉장히 안타까웠어요. 셰르파들은 안 올라가겠다고 하더라고요. 그래서 우리 대원들끼리 올라갈 테니까 마지막 캠프까지 서포트하라고 했어요. 이건 개인의 의욕과 목표만은 아니다, 정상에 오르려다 떠났으니 그 친구가 이루지 못한 꿈을 우리가 대신 이루어 주어야 하지 않겠느냐, 이렇게 말했어요. 물러설 수가 없었습니다. 그래서 마지막 도전이라 생각하고 올랐습니다. 그리고 성공했어요."

칸첸중가 정상에 서면서 그는 14좌 완등에 1개 봉우리만을 남겨 놓는다. 바로 '죽음의 산'이라 불리는 K2다. 엄홍길은 그토록 오르기 어렵다는 K2를 단번에 등정한다. 2000년 7월 31일 엄홍길은 아시아인 최초로 14좌 완등을 달성한 산악인이 된다.

K2 등정에 성공하면서 마침내 14좌 완등을 이루셨습니다. "K2 정상에 섰을 때 형용할 수 없는 엄청난 감격과 함께 그동안의 성공과 실패가 주마등처럼 지나갔습니다. 함께 히말라야를 오르다 숨진 동료들의 모습이 떠오르면서 그들이 제게 얘기하는 게 느껴졌어요. 형, 잘했어요, 형, 드디어 성공했어요, 하고 저를 축하해 주었죠. 그런 뒤에 산에게 말했습니다. 감사하다고. 저를 받아 주셔서 감사하다고. 그리고 우리의 성공을 진심으로 기원해 준 수많은 사람들에게 고마움을 느꼈어요. 또 K2의 신이 저를 선택해 주셔서 제가 성공할 수 있었으니 신에게 감사했죠."

등반이 무상의 행위라지만 14좌 완등은 의미가 남달랐을 텐데요, 혹시 금전적 보상이나 명예를 기대하진 않았습니까? "그런 마음을 가졌다면 그렇게까지 할 수 없었을 겁니다. 아마 중간에 산을 떠났거나 이미 이 세상 사람이 아니었을 거예요. 그런 마음에서 벗어나 꿈과 목표를 가지고 산에 오르다 보니 저도 모르게 금전적인 부분이 딸려 오게 된 거죠. 명예와 부를 축적하기 위해 산에 올랐다면 절대 완등하지 못했을 겁니다. 그런 생각을 할 겨를도 없었고."

14좌 완등의 감격은 잠시였다. 해외 언론에서 시샤팡마와 로체 등정이 불확실하다는 얘기가 흘러나왔다. 그러는 사이 2001년 7월 후배 산악인 박영석이 14좌 완등에 성공했다. 국내 언론선 엄홍길이 먼저 올랐다는 평이 우세하다. 그러나 에베레스트뉴스닷컴 등 고산 등반 해외 사이트의 14좌 완등 순위에선 박영석이 8위, 엄홍길이 9위에 올라 있다.

고 박영석 대장과는 어떤 사이였나요? "1989년 겨울 네팔 카트만두에서 처음 만났습니다. 영석이는 그때 네팔이 처음이었어요. 제가 에베레스트 등정을 세 번 만에 성공했기 때문에 식량, 장비, 셰르파를 구하는 방법부터 산을 타는 방법까지 영석이에게 모든 걸 가르쳐 줬어요. 이후 급속도로 친해져서 형제처럼 지냈죠."

같이 원정을 떠난 적도 있습니까? "몇 번 갔죠. 선배하고 같이 어드벤처 회사도 했고."

어드벤처 회사라뇨? "회사 이름이 '인터내셔널 캠프'였는데, 고산 등반을 전문으로 하는 대행 회사였어요. 3년 정도 같이 했습니다."

14좌 완등에 경쟁이 붙으면서 두 분 사이가 불편해지진 않았나요? "그건 언론에서 기사를 쓰기 위해 만들어 낸 말입니다. 영석이와 저는 그런 관계가 전혀 아니었어요."

국내 언론은 14좌 완등을 달성한 세계 8번째 산악인으로 대장님을 꼽지만, 외국선 박영석 대장을 앞에 놓습니다. "언론 대처에 있어서 미흡한 부분이 있었습니다. 확실히 말해야 했는데 그러지 못했죠. 국내 언론에는 조치를 취했지만 외국 언론, 특히 에베레스트닷컴에 잘못되었다고 말하지 못했어요. 당시 저에 대한 악성 루머가 많았습니다. 안 좋은 이야기를 누군가 매체에 투서했어요. 누가 한 일인지 알고 있지만 밝힐 필요도 없었죠. 언론 대응을 빨리 하지 못한 잘못이 있긴 하지만, 제가 산에 오른 건 분명한 사실입니다. 논란이 많아 결국 또 올라갔죠."

120

두 봉우리에 같이 올라간 대원이 증언했다면 원만히 해결되지 않았을까요? "다 했어요. 사진으로도 판명됐고."

근데 왜 외국 언론에서는…… "아까 얘기했지만 그런 부분에 있어서 제가 방관을 했어요. 신경을 안 썼죠. 너희가 아무리 떠들어도 내가 올랐다는 사실에는 변화가 없다고 생각했어요. 그러다 나중에는 결국 대응을 했습니다. 관련 내용을 첨부해서, 당신들 이런 식으로 하면 곤란하다, 국제 변호사를 선임해서 적극적으로 대응하겠다, 이러니까 그제야 꼬리를 내리더라고요."

같은 봉을 재등정하셨을 때 심경이 복잡했겠군요. "오히려 저는 기분이 좋더라고요."

사람들이 등정 사실을 못 믿어서 다시 올라간 건데 억울하진 않았습니까? "억울하고 그런 거 없었습니다. 오히려 시원하고 좋았습니다. 두 번씩 오르니깐 얼마나 좋아요. 올라간 루트도 다르고. 로체는 같았지만 시샤팡마는 새로운 루트로 오르니까 기분이 좋았습니다."

우여곡절 끝에 14좌를 완등하셨는데 한동안 허탈감이 크셨다고. "너무 일찍 꿈을 이루었으니까, 더구나 목숨을 걸고 도전해서 일구어 낸 거니까요. 다른 사람들의 성공보다도 가치가 더 크다고 생각했어요. 그만큼 허탈감도 컸죠. 그래도 오래가진 않았습니다. 몇 달 정도 갔어요. 특히 먼저 떠난 동료들을 생각하면 마음이 아프고 눈물이 났어요. 절에 가서 천도재 지내고 나니까 마음이 어느 정도는 괜찮아지더라고요. 그래도 항상 열 명의 동료들의 모습과 이름을 주문처럼 외우고 생각하고 있습니다."

16좌 완등은 언제 결심하셨습니까? "당시엔 다 끝났다고 생각했지만 시간이 지나면서 생각이 바뀌었어요. 성공이란 건 새로운 시작을 의미한다, 멈추는 것이 아니다, 나에게는 또 다른 시작이다, 도전이란 단어에는 끝이 없다, 생을 마감하는 날까지 끝없는 도전의 연속이다, 누구도 시도하지 않은 영역에 발자취를 남겨야겠다. 그래서 다시 산에 올랐습니다."

2004년 봄 얄룽캉, 2007년 봄 로체샤르 등정에 성공하면서 엄홍길은 세계 최초로 히말라야 16좌 완등에 성공한다.

16좌라는 말이 공인된 표현입니까? "공식적으론 14좌입니다. 나머지는 위성봉이라고 합니다. 그런데 위성봉이라는 개념이 굉장히 애매해요. 위성봉을 판단하는 기준을 14좌에 적용하면 14좌 내에도 위성봉 같은 게 있습니다. 예를 들어 로체는 에베레스트와 같은 산

줄기인데, 이건 14좌에 들어가 있어요. 14좌라는 개념을 유럽 사람들이 정했는데, 애초 14좌를 정할 때는 얄룽캉과 로체샤르라는 이름이 없었어요. 만약 이름이 있었다면 그 두 봉도 포함되었을 겁니다. 그래서 그 두 봉을 15, 16좌로 정하자는 얘기가 산악계에서 거론된 적이 있습니다. 물론 흐지부지되었지만. 애매한 소지가 있는 봉우리에 대해서 최초로 깨끗하게 끝을 내자, 그래서 오르게 되었습니다."

14좌 완등도 분명 대단한 업적이지만 세계 최초는 아니었습니다. 등반가, 탐험가로서 가장 영예로운 찬사는 '세계 최초'라는 칭호일 텐데, 혹시 그 말을 얻기 위해 16좌에 도전하신 건 아닙니까? "그렇죠. 누구도 시도해 보지 않은 걸 한 거죠. 얄룽캉과 로체샤르도 다른 8000미터 산처럼 입산료를 받고, 다른 8000미터 산과 똑같은 과정을 거칩니다. 14좌가 아니라 16좌로 정의해야 해요."

16좌 완등을 하기까지 38번 시도해 20번 성공하고 18번 실패했습니다. 실패에서 배운 점이 있다면 뭡니까? "저는 많은 실패가 있어 지금의 성공이 있는 게 아닐까 생각합니다. 실패를 경험하지 않았다면, 좌절과 눈물을 흘리지 않았다면, 아마 저는 16좌라는 대기록을 달성하지 못했을 거예요. 어쩌면 살아남지도 못했을 겁니다. 그만큼 어려운 일이거든요. 결국 제가 이렇게 살아 있을 수 있는 것은 실패를 두려워하지 않아서라고 생각합니다. 실패가 있어서 가능했죠. 실패를 빨리 경험했기 때문에."

이제 고산 등정은 사실상 은퇴하신 거죠? "더 이상 올라가면 뭐 합니까. 올라갈 것도 없거니와 다 이루었는데요. 괜히 욕심을 내는 것은 신에 대한 도전이자 모욕이라고 생각합니다. 이 정도면 충분합니다."

올해 한국 나이로 56세입니다. 지금도 8000미터 산에 오르실 체력이 되십니까? "됩니다. 물론 순발력이 떨어지겠지만 오를 수 있어요."

고산 등반은 체력보다 정신력이 중요한가요? "똑같은 산이라도 기후에 따라 모습이 달라집니다. 어떤 해에는 에베레스트에 10명이 오르지만 어떤 해에는 한 명도 못 올라갈 수가 있어요. 그해 눈이 얼마나 오느냐, 날씨가 어떠냐에 따라서 달라져요. 8000미터 이상에 올라가면 인간이 할 수 있는 건 거의 없습니다. 기상과 자연에 따라 성패가 갈리는 것이죠. 내가 아무리 천하장사라 해도 한계가 있습니다. 인간이 극복할 수 없는 한계. 타이밍을 잘 맞추어 정상에 올라가야 합니다."

산소마저 희박한 8000미터 위가 두렵진 않았습니까? "가장 두려웠던 것은 갑작스런 기상 변화와 그로 인해 발생할 수 있는 죽음이 아니라 제 자신이었어요. 자신에게 진다는 두려움, 그것이 가장 컸어요. 두려움을 넘고 자신을 이길 수 있었던 것이 성공의 가장 큰 원인이 었던 것 같습니다."

유서를 쓰고 원정에 나선 적은 없었나요? "마음으로 썼습니다. 2000년 칸첸중가에 갔을 때가 세 번째 시도였어요. 8500미터 정도 올라갔을 때 저녁 7시 30분 정도였는데 아무것 도 보이지 않는 완전한 어둠이었어요. 지쳐서 올라갈 힘도 없고 내려갈 힘도 없었죠. 무택 이랑 같이 있었는데, 아니 같이 있었다기보다 같이 로프에 매달려 있었어요. 8500미터 되 는 벽에. 벽 쪽으로 몸을 돌려 피켈로 얼음을 깨서 엉덩이를 걸칠 수 있을 정도의 공간을 만 들었어요. 그 상태로 10시간 정도 있었습니다. 완전한 어둠 속에서. 더 이상 살 수 없겠구 나 하는 생각이 들었어요. 그러면서 이상하게 마음이 편해지더라고요. 그리고 유서를 썼 죠. 마음으로."

그가 마음속으로 썼다는 유서는 이런 내용이다.

지은아 현식아.
아빠는 결국 히말라야 산자락에서 잠들게 되는구나.
산에 도전하다 산에서 잠들게 된다.
너희가 커 가면서 얼마나 많은 어려움이 있겠느냐.
그럴 때마다 아빠를 얼마나 원망할는지.
또 얼마나 괴로워할는지.
언젠가 오랜 시간이 지난 뒤에
아빠의 도전을 이해할 날이 있을 것이다.
그때까지 어머니 잘 보살펴라.

거듭 드리는 질문이지만, 마음으로 유서를 쓰면서까지 왜 자꾸 산에 오르셨습니까? "고난을 통과해야만 위대해질 수 있다는 말이 있잖아요. 그 말처럼 저는 위기보다 더 좋은 기회는 없다고 생각합니다. 지금까지 제 등반 기록을 보면 아시겠지만 많은 실패와 사고가 있었어요. 그 순간들을 받아들이고 넘어서지 못했다면 16좌라는 기록은 존재하지 않았을 겁니다. 우리가 갖고 있는 꿈과 목표들은 원하는 대로만 이루어지지는 않습니다. 실패, 불행, 고통, 좌절이 수반될 수밖에 없죠. 하지만 그 모든 것들은 순간입니다. 순간은 순간이죠. 절대로 영원히 지속되지 않아요. 그 순간에서 벗어나야 합니다. 제가 좋아하는 말 중에 자승최강自勝最强이란 말이 있어요. 자신을 이겨 내는 사람이 강한 것이라는 거죠. 나 자신은 우리가 이겨야 할 대상, 즉 극복의 대상인 동시에 믿어야 할 대상입니다. 자신에 대한 믿음을 바탕으로 가고자 하는 길을 가야 합니다. 걷다 보면 어느새 성공은 옆에 있는 겁니다."

아픈 순간이 영원히 지속되지는 않는다지만 요즘 청춘들에겐 그 순간이 영원처럼 느껴지기도 합니다. "자신을 이기기 위해서는 우선 자신을 사랑해야 합니다. 자신을 사랑하고, 자신감을 가져야 해요. 왜 나만 이럴까, 왜 나는 이렇게 안 될까. 모든 것을 부정적으로 생각하면 끝도 없습니다. 그렇게 되면 마음도 움츠러들고, 자신감도 잃고, 매사에 의욕도 떨어져요. 그래, 다 잘 될 거야, 잘 되기 위한 과정이니까 빨리 극복하고 이겨 내자. 이렇게 스스로에게 자신감을 불어넣어야 합니다. 옆에서 아무리 말해도 본인이 아니면 아니죠. 본인 스스로 받아들일 자세와 의욕이 없다면 아무것도 이룰 수 없어요. 아무리 안 좋은 상황이 생겼다 해도 그 자리에 계속 머물러 있지는 않습니다. 시간은 흘러갑니다. 내 인생도 흘러갑니다. 빨리 치고 나가야죠. 지금 상황에 계속 머물러 있으면 안 됩니다."

40년 넘게 산에 오르셨습니다. 산을 통해 배우신 철학이 있다면? "자신을 낮추는 마음을 배웠습니다. 모든 일은 순리를 따라야 하는 거예요. 평상심을 잃어서는 안 되고. 자만심과 경거망동한 행동은 사고를 일으킵니다. 항상 겸손해야 합니다."

앞으로의 꿈은 무엇입니까? "16좌 완등이 꿈이었지만 그건 이뤘습니다. 이제 산을 내려와서 17좌에 도전하고 있습니다. 아까 얘기했던 16개의 학교를 짓는 일이 제 인생의 17좌이자 새로운 꿈이고 목표입니다."

엄홍길은 한시도 꿈 없이 살 수 없는 사람이었다. 약속한 인터뷰 시간을 30분 넘겼다. 그는 다음 일정을 서둘렀다. 밥벌이를 마치고 돌아오는 길에 악전고투란 말이 떠올랐다. **b**

nepal

7483 JHINSANG

6114 Jhinsang Bh.

Chabuk Bh. 5957

HIMAL

7123 PATHIBHARA (SPHINX)

KIRAT CHULI (TENT PEAK) 7365

OHMI KANG RI 6829

...NAK

Lhonak

Kangchenjunga Gl.

NEPAL PEAK 7168

GIMIGOLA 7350

Yangma

Nupchu Pokhari

6309 6903 KANWACHEN

KANGCHENJUNGA 8598

...ritar

6236

KUMBHAKARNA 7710

TALUNGA 7349

KANGCHENJUNGA CONSERVATION AREA

Ghunsa 6142

KABRU 7317

...ola

Ramte

Gopla

Khola

KOKTHAM 6147

Loadanda

Tattomo Amjilosa

Khang La 5054

4000

Lungthung

Simbuwa

Hellok

Nembe Pokhari

JUNG

Waku

Taplethok

Nephu

Maipeni

Piputhap

Mamankhe

Inwa Pokhari

Kheban

...erup

PATHIBHARA 3794

Lamphareom

12차 푸룸부 휴먼스쿨

...ya Bh.

TAPLEJUNG ⊕ Suketar Sinam Sopolakhu

1824

Dobhan

Thechambu

Tharpu

Phalut

...lanpan

Kabeli Khola

Oyam

Dumrise

Chyanthapu

Perunge 2000

INDIA (SIKKIM)

N

Everest Ch

viewed from the west

Firsts

1953: Tenzing Norgay (Nepal) and Edmund Hillary (NZ) complete the first ascent of Everest (via the South Col route) at 11.30am on May 29. The question of who reached the summit first became embroiled in politics, especially after Tenzing was duped into signing a document saying he beat Hillary. The two agreed to a compromise story – they reached the summit together. Hillary later claimed he reached the top a rope length ahead of Tenzing. Hillary also has the dubious honour of being the first to urinate from the summit, unable to contain a full bladder of hot lemon drink.

1960: Chinese claim the first successful ascent of the classical Mallory line, leaving a bust of Mao at the summit. Initially treated with scepticism by the West, especially claims that the climbers summitted at night and that the leader scaled the steep Second Step by standing barefoot on the shoulders of a team mate. The ascent claim is now generally accepted.

1973: Japanese climbers Yasuo Kato and Hisahi Ishiguro make the first post-monsoon ascent on October 26. Surviving an emergency bivouac on the way down. It was also the first time the summit had been reached from the South Col without an intermediate camp.

1975: First female ascent – Junko Tabei (Japan) from the south. Chinese make first undisputed ascent from the north in the pre-monsoon season. British Southwest Face expedition finds proof in the form of a survey pole at the summit.

1978: Reinhold Messner (Italy) and Peter Habeler (Austria) make the first ascent without bottled oxygen. Attached to an Austrian expedition, they climbed from the South Col unaided an unroped, reaching the summit in 9.5 hours. Habeler, worried about brain damage from oxygen starvation, raced back to the col in an hour, part-glissading and part-falling. The ascent astounded the climbing world, especially the Sherpas, many of whom didn't beli Westerners were capable of such a feat. Notable Sherpas like Tenzing Norgay even sig petition demanding an inquiry.

Messner solos (from the north) without oxygen during a weather window in the mon astonishing effort, regarded as the high point of classic mountaineering.

and Kryzysztof Wielicki complete the first winter ascent (from th

, David Breashears (US), despite struggling with

to the summit via the South Col.

Everest without

She climbed

omolungma

Summit

8850m (29,035ft)
Modern surveys have revised
the height up 10 metres on
earlier calculations

South Summit

ortheast Ridge

ong, serrated ridge, rising steeply to the summit.
s notoriously hard to find the gullies leading down
rom the ridge through the limestone Yellow Band
toward Camp VI, especially in the dark.
Expeditions regularly turn tragic on the
trickier sections.

Norton's
traverse (1924)

Hornbein
Couloir

Great
Couloir

Upper section
often called
the Northon
Couloir

British route of
1922

Southwest Face

Death Zone
7500m (24500ft)
ward Wyss

COLLEAGUE I

이거종은 엄홍길의 14좌 등반을 함께하며 고난과 환희를 카메라에 담았다.
그는 15년간 히말라야에 18번 갔다. 사람들은 둘을 성씨만 다른 형제라 했다.

이거종 전 KBS 영상제작국장은 은퇴 후 여주에 살고 있었다. 평소 동네 뒷산도 안 타던 그는 1987년 네팔과 파키스탄 지역을 다룬 다큐멘터리를 제작하면서 히말라야에 첫발을 디뎠다. 그 경험으로 1995년 '세계의 명산' 시리즈를 만들 때 히말라야 파트를 맡았다. 당시 산악인 유한규가 제작을 도왔다. 이거종은 히말라야에 8000미터 봉우리가 14개나 있다는 걸 그때 처음 알았다. 유한규는 14좌 완등이 대한민국 산악계의 꿈이라고 했다.

엄홍길 대장과는 어떻게 만나셨죠? "당시 14좌 완등은 정말 꿈같은 얘기였어요. 한국엔 3000미터 넘는 산도 없잖아요. 그런데 유한규 씨가 '만약 한국에서 14좌 완등을 해낸다면 아마 엄홍길일 것'이란 말을 했어요. 산에서 자길 추월한 사람은 그 사람밖에 없었대요. 제가 탐험 프로에 관심이 많은 걸 알고 도와주라고 하더라고요. 그래서 한번 보자고 했죠."

첫인상은 어땠습니까? "키는 작은데 초롱초롱하고 다부졌어요. 그때 엄 대장이 30대 초중반이었는데, 이미 7개를 등정한 상태예요. 얘길 들어 보니까 거의 동냥 원정이었어요. 해외 원정대에 자기 몫을 조금 내고 끼어서 올라간 거죠. TV제작본부장을 찾아가서 보고했더니, 알았으니까 대신 너 혼자 해라, 아무도 안 붙여 준다, 그래서 얼른 한다고 했죠."

그때 히말라야 14좌 완등 추진위원회를 만드셨는데. "저 혼자서는 무리였죠. 당시 이한동 국무총리와 대한산악연맹회장 등 산악계 원로들을 모시고 추진위를 발족했어요. 그렇게 경비를 마련해서 처음 엄 대장과 같이 오른 산이 마나슬루(1996년)예요."

고산 등반은 처음이셨죠? "고산병 때문에 사흘을 실신해서 손가락 하나 못 움직였어요. 내

가 너무 겁 없이 덤볐구나. 얼마나 후회했는지 몰라요."

엄 대장이 안 도와주던가요? "고산병은 의사도 못 고쳐요. 하산 말고는 답이 없어요. 그리고 엄 대장은 산에 가면 정말 냉정해요. 정나미가 떨어질 정도로 정상만 바라봐요. 산에 대한 경건함이 대단하죠. 정상을 보고 대소변이나 침이라도 뱉으면 큰일 나고요. 텐트에 법당을 차려 놓고 아침저녁으로 조아리면서 이 산을 허락해 달라고 기도해요."

촬영은 어떻게 하셨어요? "일단 갔으니 죽지 않았으면 찍어야죠. 그런데 엄 대장이 쭉쭉 치고 올라가는 걸 도저히 따라잡을 수가 없었어요. 그래서 몇 시간 전에 미리 가서 올라오는 걸 찍고, 따라잡히면 엄 대장 점심 먹을 동안 또 먼저 올라가서 찍고 그랬죠."

카메라 무게가 꽤 나가죠? "베이스캠프에선 13~14킬로그램쯤 되는 카메라로 찍어요. 올라갈 때는 1~2킬로그램짜리 소형 카메라를 가져가는데 대신 여러 대를 챙기죠."

엄 대장과 호흡은 잘 맞던가요? "그때 엄 대장이 18일 만에 정상에 올랐어요. 보통 40~50일 걸리거든요. 전 죽을 맛이죠. 보름 만에 정상 갈 준비가 됐다는데, 그때까지 찍은 분량이 5분밖에 안 됐어요. 찍은 것도 없는데 벌써 가느냐고 했더니 아예 못 들은 척해요. 캠프2 근처에서 제가 하도 기진맥진하니까 셰르파가 제 배낭을 들어 주자고 했어요. 그러니까 엄 대장이 '여기 안 힘든 사람이 어디 있어' 하는데, 진짜 저런 인간이 어디 있나 싶었어요. 셰르파는 자기하고 정상 갈 사람이니까 힘을 아끼게 하는 거죠."

엄청 고생하셨겠네요. "말도 못하게 힘들어요. 손으로 입을 훔치면 거품이 한 주먹씩 나와요. 캠프2가 6500미터인데 산소가 40퍼센트밖에 없어요. 아무리 숨을 마셔도 폐까지 안 들어오고 목에서만 할딱할딱해요. 대낮엔 살을 태우듯 해가 뜨겁다가 구름 속에 들어가면 바로 영하로 떨어지고. 제일 괴로운 건 무지하게 건조하다는 거예요. 숨을 들이켜면 콧물이 자르르 말려 들어오는 게 느껴져요. 콧등, 입술, 귀가 다 부르터서 진물이 나오고."

정상까지 같이 가셨습니까? "정상은 쉽게 갈 수 없어요. 오랜 훈련과 경험이 필요하고, 서포터도 있어야죠. 셰르파가 옆에 붙어서 산소도 끼워 주고 해야 하는데, 저는 물하고 호박죽밖에 없었으니 무슨 수로 가겠어요. 생존 기구 없이 올라가면 99퍼센트 사망이에요."

그럼 정상은 누가 촬영합니까? "최대한 올라간 뒤에 엄 대장과 셰르파한테 카메라를 줬어요. 전 하산하고 있는데 '여기는 정상, 정상' 하는 거예요. 그래서 무전으로 카메라 잘 찍고 있냐고 하니까 얼어서 안 움직인대요. 배낭을 열 때 눈보라가 쳤나 봐요. 스위치에 눈이 끼어서 안 움직인 거죠. 결국 정상은 못 찍었어요."

회사에선 뭐라던가요? "정상만 빼고 다 잘 찍었다고 했더니 본부장이 '그러려면 거기 뭐 하러 갔어?' 이러더라고요. 그 고생을 하고 왔는데 섭섭하기도 하고. 그래도 정상 스틸 사진은 찍었으니까 오디오를 얹어서 그림을 만들었어요."

히말라야에 오만 정이 다 떨어졌겠네요. "14좌 완등이고 뭐고 난 못 하겠다고 했어요. 엄 대장 스타일로는 제작을 할 수가 없어요. 제가 7000미터 이상까지 따라갔다니까 대한민국 산악회에서 믿는 사람이 없었어요. 비전문가가 거길 혼자 올랐다는 건 말도 안 된다면서."

산에서 내려와서 엄 대장이 미안하다고 하던가요? "아이고, 내려오면 얼마나 싹싹한지 몰라요. 예의 바르고 공손하고. '아이고, 형님. 제가 언제요' 하면서 아주 살갑게 말하죠. 산에만 올라가면 180도 바뀌는데 볼 때마다 당황스럽다니까요."

그래서 다시 갔을 땐 좀 달라졌습니까? "안나푸르나를 간다더라고요. 엄 대장이 이번엔 제작이 잘되게 도와준다면서 감언이설을 늘어놨어요. 또 속았죠."

그때 엄 대장이 부상을 입었죠? "엄 대장이 7600미터쯤 올라갔을 때 무전이 왔어요. '여기 정상이 눈앞에 보이는데 갈까요, 말까요.' 그리고 5분이나 지났을까. 갑자기 난리가 난 거예요. 엄 대장 다리가 다 날아갔다고. 그때 제가 하늘 보면서 많이 울었어요. 제 상식으로는 그 높이에서 심각한 부상을 당하면 그냥 죽는 거예요. 살아서 돌아온다 해도 동상이 걸려서 다리를 잘라야 하고."

그런데 살아서 내려왔습니다. "한왕용 대원하고 셰르파가 줄에 묶어서 3일을 데리고 내려왔어요. 엄 대장이 위대한 건 14좌 완등보다도 1998년 안나푸르나에서 살아 내려온 거예요. 한쪽 다리를 못 쓰는 상황에서 엉덩이로 기고, 한 발로 이리 뛰고 저리 뛰면서 내려온 불굴의 의지. 날씨가 나쁘면 데리고 올 수 없는데, 히말라야 신이 감복했는지 바람 한 점 없는 날을 3일이나 주셨어요. 정말 기막힌 건 텐트 도착한 지 30분 만에 헬기가 왔어요. 안개가 끼면 못 뜰 때도 많거든요. 그 다음 날 비행기 타고, 그 다음 날 수술받고. 히말라야 꼭대기에서 사고가 났는데 닷새 만에 서울에서 수술을 받았다는 건 있을 수 없는 얘기죠."

방송은 어떻게 됐죠? 엄 대장이 다쳤는데. "주연이 사고를 당했으니까 조연이 주연을 대신

해야죠. 한왕용이랑 셰르파를 붙잡고 카메라 교육을 시켰어요. 한왕용은 엄 대장과 다르게 방송 감각이 있어서 카메라를 똑바로 보면서 걸어 올라가요. 잘 찍혔죠. 한왕용이 태극기 들고 정상 밟는 장면이 애국가 화면에 3년 동안 나왔어요."

병문안 가서는 뭐라고 하셨어요? "끝까지 해야 한다고는 했지만 병원에선 히말라야는 다시 못 간다고 했어요. 근데 엄 대장은 죽어야 산을 놓을 수 있는 사람이에요. 의지가 있으면 신체는 정신을 따라온다는 걸 홍길이를 보면서 알았죠. 자기 몸 다치는 건 물론이고 숱한 죽음을 보고도 목표를 위해 가고 또 간다는 건 보통 사람이 할 수 있는 일이 아니죠."

국장님도 산에서 동료를 잃은 적이 있습니까? "1999년에 칸첸중가 등반을 생중계했어요. 당시 KBS에서 취재진 19명에 주치의까지 20명이 갔어요. 베이스캠프에 방송국 한 개가 올라간 거예요. 산에 처음 온 사람이 절반이었죠. 7000미터 캠프에 갔는데 완전히 아비규환이에요. 셰르파들은 다리가 부러져서 살려 달라고 하고, 직원들은 집에 보내 달라면서 울고. 제가 그때 17킬로그램이 빠졌어요. 마침내 정상 공격을 하려고 취재진과 엄 대장이 8000미터에 같이 올라갔는데, 눈사태가 나서 통신이 두절됐어요. 그때 죽으려고 돌에 제 머리를 찧었어요. 공항에서 우리 남편 잘 부탁한다던 얼굴들이 떠올라서 견딜 수가 없더라고요."

구조가 됐나요? "다행히 거의 구조가 됐다고 무전이 왔어요. 그날 캠프1에서 베이스캠프까지 오는 길에 안개가 자욱했어요. 길을 못 찾으니까 베이스캠프에서 호루라기 불고 꽹과리 치고 별짓을 다 했어요. 새벽 2시에 출발했다는 사람들이 밤 10시에 도착했죠. 그때 천하무적 엄홍길도 뻗더라고요. 직원들은 넋이 나가서 배시시 웃고. 오자마자 끌어안았더니 우두둑 얼음이 쏟아져요. 하도 땀을 흘려서 그게 얼어가지고. 그때 결국 두 명이 못 돌아왔어요."

충격이 크셨겠습니다. "공항에 왔는데 죽은 기자의 미망인이 만삭이에요. 까만 옷을 입고 서 있는데, 저 멀리서도 눈물이 맺힌 게 보였어요. 노조에서도 난리가 났죠. 사장한테 '살인마'라 하고. 훈련도 안 된 사람들을 데려갔다면서. 그 뒤로 두세 달 숨이 안 쉬어지더라고요. 응급실에도 몇 번 실려 갔는데 공황 장애래요."

그런데 히말라야에 또 가셨어요. "저도 끝을 봐야 했으니까요. 돈 구하러 다니는 것도 정말 힘들었어요. 패물을 내다 팔러 나갔는데 전철에서 내가 뭐 하는 짓인가 싶더라고요. 하지만 난 엄홍길과 약속을 했고, 반드시 지켜야 한다는 사명감이 있었어요. 또 그 고생을 같이하니까 친동생처럼 살갑고, 그 친구도 저한테 친형 이상으로 잘하고요."

14좌였던 K2는 누구와 갔습니까? "후배 정하영 감독하고 둘이 갔어요. K2는 정상 장면을 박무택이 찍었어요. 성공했다는 소리를 베이스캠프에서 듣고 '아, 드디어 끝났다' 하면서 그 자리에서 등산 장비들을 주변에 다 나눠 줬어요. 그 비싼 것들을. 다시는 이 고난을 겪지 않아도 된다고 생각하니까 얼마나 개운했는지 몰라요."

그런데 또 가셨습니다. "한왕용이 찾아왔어요. 12좌를 올랐다면서 두 개 남았으니 도와 달라고. 처음엔 거절했는데 홍길 형과는 수없는 세월을 같이 하고 나랑은 한 번을 못 가느냐면서 이번에 실패하면 영원히 산을 끊겠대요. 그 말 듣고 어떻게 안 가요."

세계 여성 산악인 최초로 14좌 완등에 성공한 오은선 씨와도 등반하셨어요. "사실 전 고미영과 더 친했어요. 집에도 자주 왔고. 그때 오은선이 몇 개 봉우리를 앞서고 있었는데 종반에는 뒤집기 힘들거든요. 오은선을 지원하는 게 순리였죠. 그러니까 고미영을 후원하던 대기업이 와서 설득하대요. 대기업이 미는데 그거 하나 역전 못 시키겠느냐면서. 그래서 고미영이 그렇게 된 거죠. 너무 몰아붙여서."

오은선의 마지막 14좌 등정은 생방송이었죠? "정상 생중계가 제 10년 꿈이었어요. 그날을 위해 산악인 카메라맨도 뽑고, 수년간 훈련시킨 거죠. 그때가 정년퇴직 한 달 전이었어요. 만약 사고가 나면 34년 직장 생활의 멍에가 되는 거예요. 새벽마다 금성을 보면서 안나푸르나 신한테 빌었어요. 성공 안 해도 좋으니 사람만은 살려 달라."

정상까지 찍은 건 그때가 처음인가요? "네, 정하영 감독이 정상에 같이 올랐죠. 그때 정 감독을 안심시키려고 제가 그랬어요. '사람이 잘 안 죽더라.' 그리고 최고의 셰르파 두 명을 붙여 줬어요. 원래 받는 돈의 두 배를 주겠다고 하면서, 무조건 살려서 데리고 내려오라고. 8000미터쯤 올라갔을 때 오은선이 포기하려고 했어요. 그때 제가 무전으로 그랬죠. '네가 안 올라가면 태극기 앞세우고 카메라만 올라간다.' 자극이 필요했으니까요."

지금도 히말라야가 그리우세요? "그럼요. 집사람 데리고 네팔 여행도 여러 번 갔어요. 지금까지 한 18번쯤 간 것 같아요. 산모가 출산의 고통을 잊는 것처럼 내려오고 한두 달 지나면 큰 산이 아른거려요."

과연 엄 대장과 성씨만 다른 형제였다. **b**

COLLEAGUE II

모상현은 엄홍길과 함께 K2와 로체샤르에 올랐다.
산에서 내려온 모상현은 엄홍길과는 조금 다른 길을 걷고 있었다.

1997년 산악인 모상현은 히말라야 낭가파르바트 정상에 올랐다. 3년 뒤에는 세계에서 3번째로 한 해에 세계 최고봉과 제2봉을 등정했다. 최연소 14좌 완등도 노려볼 만한 페이스였다. 그러나 그는 욕심내지 않았다. 인생을 바쳐 산에 오르고 싶은 마음은 조금도 없었다. 산 위와 아래에서 균형 잡힌 삶을 살고 싶었다. 좋아하는 사람들과 함께 재미있게 등반하면 그만이라고 생각했다. 엄홍길과는 2000년 K2에 이어 2007년 로체샤르에 함께 올랐다. 엄홍길의 14좌, 16좌 완등이 달성된 등반이었다.

요즘 어떻게 지내고 계세요? "아웃도어 브랜드에서 마케팅 업무를 5년 정도 하다가 그만두고 현재는 작은 등산복 매장을 운영하고 있어요. 크게 바쁘진 않아요. 동네에서 차 마시고 책 보다가 오후 4시께에 유치원에서 애들 데려오고 그러죠."

2007년 로체샤르 등정 이후 고산 등반 기록이 없으신데. "일반적으로 알려진 고산을 등반하지는 않았지만 좋아하는 형들과 알프스에 가기도 합니다. 히말라야는 몇 달 동안 봉우리 한 개만 타지만 알프스는 한 달 동안 몇 개씩 탈 수 있거든요."

14좌 완등 같은 목표는 없으십니까? "제가 27살 때 히말라야에서 가장 높은 산 3개를 올랐어요. 하지만 14좌 완등에 대한 꿈을 가진 적은 없어요. 우리나라에선 엄홍길 대장님이 14좌 완등을 하면서 더 이상 큰 의미가 없어졌어요. 1세대 산악인들이 이미 다 이룬 것을 제가 또 다시 하는 건 아니라고 봐요. 세계적으로도 14좌 완등의 시대는 지났다는 의견이 지배적이고요. 8000미터보다 낮지만 아무도 오르지 못한 6000~7000미터 산들이 굉장히 많아

요. 그 산들을 오르는 것이 더 큰 가치가 있다고 생각해요. 물론 대중성을 고려하면 14좌를 오르는 게 낫겠지만요."

대중성이라뇨? "제가 산을 탄다고 하면 다들 히말라야에 갔다 왔냐고 물어요. 산악인이라면 으레 히말라야에 올라야 한다고 생각하니까요. 사실 명예와 부를 얻으려면 거길 등반하는 게 맞아요. 언론에 노출될 수 있고, 그래야 후원도 받을 수 있으니까요. 많은 산악인들이 히말라야에 오르고 나서야 본인이 원하는 등반을 하는 이유도 그 때문이죠."

그럼 에베레스트와 K2도 비슷한 이유로 등반하신 겁니까? "어느 정도는 그렇게 볼 수 있겠죠. 2000년에 '7대륙 최고봉 완등' 프로젝트가 있었어요. 그때 에베레스트 입산료가 1200만 원이었는데, 입산료와 경비를 전액 지원해 주는 프로젝트였어요. 산악인으로서 놓칠 수 없는 기회였죠. 운이 좋아 대원으로 합류하게 되었어요. 그러고 나서 한국에 돌아와 엄홍길 대장님과 K2에 올랐죠."

산에 오르는 이유는 뭔가요? "저는 무언가를 얻기 위해 산에 오르고 싶지 않아요. 산 자체가 좋아서 오르는 거예요. 피크 헌터Peak Hunter처럼 정상에 서는 것이 목표가 아니에요. 오르는 과정과 오른 뒤의 경험을 사진과 글로 남겨 많은 사람들과 공유하고 싶은 마음이 커요."

그런 생각을 갖게 된 계기가 있습니까? "2000년에 에베레스트에 오를 때였어요. 정상이 100미터밖에 남지 않은 곳에서 어떤 미국인이 저한테 사진을 찍어 달라고 했어요. 가방에서 빨간 피에로 코를 꺼내서 낀 다음에 사진을 찍더니 바로 하산하려는 거예요. 조금만 더 가면 정상인데 왜 내려가느냐고 물었죠. 그랬더니 자기는 즐길 만큼 즐겼대요. 다들 정상에 오르려고 안간힘을 쓰는데 미련 없이 내려간다는 게 큰 충격이었어요. 그 모습을 보면서 처음 산에 올랐을 때의 마음이 생각났어요. 그 친구처럼 산 자체를 즐기고 싶었어요."

여느 전문 산악인과는 다른 모습입니다. "자기가 즐거우면 되는 거죠. 우리가 언제 국가와 민족을 위해 등반했나요? 제가 한창 산을 타던 때만 해도 등반이 하나의 종교였어요. 무조건 새로운 루트로 가야 하고, 자기 삶을 포기해야 했죠. 하지만 사회인으로서 직업을 가지고 가정도 꾸려야 하잖아요. 저는 산을 위해 모든 것을 포기하고 싶지는 않아요. 제 가족을 충분히 행복하게 하고 싶어요. 밸런스를 잘 맞춰야죠."

그런데 두 가지를 다 성취할 수 있을까요? "외국에는 그런 사람들 많습니다. 외과 의사인데 세계에서 암벽 등반을 제일 잘해요. 밥 먹고 등반만 하는 사람보다 더 잘하죠. 그런 사람이 훨씬 더 멋있어요. 제가 같이 등반했던 형들도 그랬어요. 어딘가에 구속되지 않고 스스로가 원하는 등반을 하고 싶어요."

등로주의를 지향하십니까? "산을 타는 모든 사람들은 스스로를 다 등로주의자라고 말해요. 저도 당연히 등로주의를 추구하고 싶죠. 하지만 쉽지 않아요. 먼저 등로주의를 추구할 수 있는 환경이 우리나라엔 조성되어 있지 않거든요. 유럽인들은 알프스에서 1년 내내 고산을 체험할 수 있고, 러시아는 집 앞에 5000미터 산맥들이 있어요. 둘째로는 풀타임 등반을 하는 사람에겐 가능할지 몰라도, 저처럼 1년에 한두 번 나가는 사람들은 현실적으로 어렵죠. 등로주의에 필요한 훈련을 지속적으로 할 수 없으니까요."

그런 상황인데도 등로주의에 도전하는 국내 산악인들이 많습니다. "그런 방향으로 가는 게 맞긴 하지만 희생이 너무 커요. 도전할 수 있는 환경과 개인 역량이 갖춰져 있지 않은 상태에서 모험을 하라고 하는 건 폭력이에요. 아시안 게임에서도 메달을 못 따는 사람에게 올림픽에 나가서 메달을 따라고 채찍질하면 안 되죠. 등정주의가 끝났다고 해서 젊은이들에게 등로주의를 강요하는 건 나가 죽으라는 말이에요. 14좌 완등 이후에 새로운 것을 하겠다고 로체샤르, 안나푸르나 암벽을 시도하다가 정말 많은 사람들이 죽고 다쳤어요. 그때 제가 한 해에 휴대폰 번호를 다섯 개나 지웠어요."

2007년에 로체샤르는 어떻게 가게 됐습니까? "엄홍길 대장님이 직접 전화를 주셨어요. 로체샤르에 갈 예정인데 함께하지 않겠냐고. 로체샤르에 오르는 것을 도와주고 나서 로체 남벽을 오르라고 하셨어요. 그때까지 로체 남벽은 아무도 올라간 증거가 없었어요. 올랐다는 말만 무성했지. 로체 남벽을 오르는 것이 제 인생의 목표였어요. 꿈이었고. 그런데 막상 가서 보니까 이건 역량을 총동원해도 올라갈 수 없겠더라고요. 그래서 로체샤르만 올랐어요."

그때 정상에서 내려올 때 변성호 대원이 설맹에 걸렸다던데. "정상에 저녁 6시쯤 도착했어요. 거기서 성호 형이 비디오카메라를 촬영한다고 선글라스를 잠깐 벗었어요. 그러고 나서 내려오는 동안 앞이 안 보였죠. 거기서부터 각자 살기가 됐어요. 제가 먼저 셰르파를 따라 내려갔고, 제 뒤에 성호 형과 대장님이 있었어요. 밑에서 아무리 기다려도 안 내려와서 저는 그 둘이 죽은 줄 알았죠."

엄홍길 대장의 등반 스타일을 '탱크'라고 표현하던데, 실제로 어떻습니까? "치밀하게 계산해서 산을 타는 지략가 타입은 아니에요. 본능적으로 움직여요. 날씨가 좋지 않을 때도 물러서거나 하는 법이 없어요. 가다 보면 좋아질 수도 있다고 생각하시죠. 순수할 정도로 원초적인 자기 욕심이 강해요. 성격도 그래요. 감정을 숨기거나 계산하는 사람이 아니에요. 오늘 같은 경우도 보통 사람들은 미리 전화를 걸어서 인터뷰에서 어떻게 하라고 말할 텐데, 제가 인터뷰를 수십 번 해도 전화가 안 와요."

다른 대장들과 비교한다면? "다른 팀들은 10명의 대원 중 한 명만 정상에 올라도 성공한 등반이에요. 그런데 예를 들어 엄홍길 대장님과 제가 K2를 같이 갔는데 대장님은 정상에 오르지 못하고 제가 올랐어요. 그 등반은 실패일까요, 성공일까요? 여기는 대장님이 정상에 올라야 등반이 끝나요. 대장님의 14좌 완등이 등반대의 목표니까. 목표가 다르니 완전히 다른 얘기가 되죠. 그래서 다른 대장들과 비교하는 건 맞지 않죠."

불만은 없었습니까? "없었어요. 다 알고 갔으니까. 하하."

엄홍길 대장의 저돌적 스타일을 비판하는 사람도 있습니다. "그렇죠. 홍길 형은 숨기지 못하고 다 드러내니까 비판받을 일이 생기죠. 개인적으론 물러서실 줄도 알고, 가끔은 포기도 하셨어야 했다고 생각해요. 많은 희생이 있었으니까요. 물론 앞뒤를 다 계산하고 움직였다면 이만큼 이루진 못했겠죠. 양면이 있는 것 같아요."

엄홍길 대장이 산에선 굉장히 엄격하다면서요? "우리는 보통 '그날이 왔다'라고 해요. 산에서는 아주 예민해요. 대장님 기준에 만족스럽지 않은 점이 발견되면 크게 호통을 치시죠. 다른 대장님들은 대원들의 사기를 위해 참기도 하는데, 엄홍길 대장님은 그런 걸 따지는 스타일이 아니니까. 온 정신을 산에만 집중하니까 다른 건 계산할 여유가 없는 거죠."

어느 정도로 예민해지는 겁니까? "베이스캠프 위로 올라가면 음식도 잘 안 먹어요. 나이가 어느 정도 들면 소화하는 것도 에너지 소비니까 거의 먹지 않고 우롱차 정도만 마셔요. 그 정도로 체력 관리에 신경을 쓰는 거죠. 그런데 20대 대원들은 잘 먹거든요. 라면도 끓여 먹고. 자기는 아무것도 못 먹고 있는데 그 냄새가 얼마나 짜증이 나겠어요. 그러니까 '야, 인마. 나가서 먹어' 이러는 거죠. 물론 내려와서는 안 그러죠."

내려와서는 어떤가요? "한국에서 만나면 재미는 없어도, 하하, 다정하고 너그러운 형이에요. 베이스캠프에선 대단히 까칠한 형이지만."

근데 베이스캠프에선 보통 뭐하고 지내세요? "산 밑이랑 비슷해요. 다큐멘터리를 보면 다들 굉장히 진지하지만 실제론 그렇지 않아요. 남자들끼리 모여서 뭐하겠어요? 거의 저녁마다 와인 마시고, 얼음 깨서 위스키 만들어 마시고, 화투 치고 그래요. 물론 베이스캠프 내에서만 한정된 이야기죠."

역시 산악인들에겐 술 얘기가 빠지지 않는군요. "원정 나가기 전까지 열심히 훈련할 것 같지만 안 그래요. 각종 환송 파티에서 술 먹는 게 일이에요. 그러다 몸이 다 망가져서 제발 좀 나가자고 해요."

엄홍길 대장은 술버릇이 어떻습니까? "저번에 술 드시고 전화가 왔어요. 다들 보고 싶다고, 오랜만에 다 같이 모여 술이나 한잔하자고요. 늦은 시간에 사람들을 불러 자리를 만들었죠. 근데 대장님이 안 오시는 거예요. 전화도 안 받고. 택시 타고 집에 가서 그냥 주무셨나 봐요. 다음 날 전화하니깐 아무것도 모르는 목소리로 '내가 그랬냐?' 하시더라고요."

엄홍길 대장이 16좌 완등 이후 네팔에 학교를 짓고 있는데, 어떻게 생각하세요? "이런 얘기가 있더라고요. 대한민국 산간 오지에도 학교 지을 데가 많은데 왜 외국에서 그러느냐고. 근데 저는 칭찬받을 일이라고 생각해요. 아무것도 안 하는 사람들이 왜 이래라저래라 하는지 모르겠어요. 사실 우리나라 산악계에서 이만한 인물이 없어요. 1세대였던 고상돈 대장님과 박영석 대장님은 너무 빨리 가셨고. 허영호 대장님은 이런저런 풍문으로 사회적 위치가 좋지 않죠. 산악계에서 엄홍길 대장님에 대한 찬반이 있지만 저는 대장님이 충분히 가치 있는 등반을 하셨다고 생각해요. 과거의 등반을 현재의 잣대로 평가하면서 독선적이었다, 피크 헌터였다라고 비난하는 건 옳지 못하죠. 그 시대에 가장 뛰어난 등반을 하셨고, 산을 내려와서도 스스로 얻은 사회적 지위를 바탕으로 계속 도전하고 계시잖아요. 박수를 보내야죠. 물론 밥 먹는 후배를 베이스캠프 밖으로 내쫓았다 정도의 농담은 할 수 있겠지만. 하하."

마지막 질문입니다. 일반인에게 추천해 주고 싶은 산이 있으시다면. "선운산을 추천하고 싶어요. 사람들이 산이라고 하면 설악산, 지리산을 얘기하잖아요. 저는 가을이면 선운산에 가요. 상사화와 단풍이 정말 아름다워요. 산 안 쪽으로 들어가면 암벽이 보이는데 굉장해요. 마치 영화 〈와호장룡〉의 배경을 떠오르게 합니다. 참 신비로운 산이에요." **b**

히말라야에서 저 높은 곳에 이르는 길은
어디에도 없다.
길은 다만 나아가는 자의 몫이고,
한 치 앞을 분간할 수 없는 눈보라 속에
죽음의 아가리를 벌리고 있는 크레바스는
곳곳에 지뢰처럼 깔려 있다.

－《불멸의 도전》中

146

IN HIMALAYA, THERE IS NOWHERE TO REACH WAY UP HIGH.
A PATH EXISTS FOR PEOPLE WHO PROCEED FORWARD, AND
THERE ARE CREVASSES ALL OVER, LIKE MINES, THAT SEEM TO
BE YAWNING FOR DEATH IN A BLINDING SNOWSTORM. -FROM
'IMMORTAL CHALLENGE'

거대한 자연의 순리를 따르는 것은 인간의 도리다.
그 장엄한 모습 앞에 나는 종종 할 말을 잃는다.
- 《내 가슴에 묻은 별》 中

147

IT IS HUMAN DUTY TO FOLLOW THE LAWS OF OUR GIANT NATURE.
I AM OFTEN LOST FOR WORDS BEFORE THE SUBLIMITY OF ITS
BEING. - FROM 'A STAR BURIED IN MY HEART'

새는 날고,
물고기는 헤엄치고,
사람은 오른다.
-《꿈을 향해 거침없이 도전하라》中

BIRDS FLY, FISH SWIM, AND PEOPLE CLIMB. -FROM 'DARE TO LIVE
YOUR DREAM'

더 이상 오를 곳이 없을 때 내 청춘은
어느덧 마흔 문턱을 넘어섰다.
지금 내 몸은 새로운 도전과 모험으로
출렁이고 있다.
몸이 허락하는 한 나는 또 다시 떠날 것이다.
－《8000미터의 희망과 고독》中

WHEN THERE WAS NO MORE PLACE TO CLIMB, HERE I WAS
PASSING FORTY WITHOUT QUITE REALIZING IT. MY BODY IS NOW
JIGGLING WITH NEW CHALLENGES AND ADVENTURES. I WILL
LEAVE AGAIN AS LONG AS MY BODY ALLOWS ME TO. - FROM 'HOPE
AND SOLITUDE 8,000 METERS HIGH'

REFERENCE

김법모, 《에베레스트 – 도전과 정복의 역사》, 살림출판사, 2007.

마운티니어스(정광식 譯), 《등산 마운티니어링: 산의 자유를 찾아서》, 해냄, 2010.

박영석, 《산악인 박영석 대장의 끝없는 도전》, 김영사, 2003.

안성기, 정호승, 고도원, 김창완, 홍세화 외 지음, 《네가 있어 다행이야》, 창해, 2008.

엄홍길, 《엄홍길의 휴먼 리더십》, 에디터, 2007.

엄홍길, 《꿈을 향해 거침없이 도전하라》, 마음의 숲, 2008.

엄홍길, 《불멸의 도전》, 환경재단 도요새, 2008.

엄홍길, 《오직 희망만을 말하라》, 마음의 숲, 2010.

엄홍길, 《내 가슴에 묻은 별》, 중앙북스, 2012.

이용대, 《등산교실: 코오롱등산학교 이용대 교장의 배낭 꾸리기부터 해외 트레킹까지》, 해냄, 2006.

이용대, 《알피니즘, 도전의 역사》, 마운틴북스, 2007.

MBC〈희망특강 파랑새〉제작팀, 《희망특강 파랑새》, MBC프로덕션, 2009.

서울대학교 농업생명과학대 산악회, 〈50 years to the top of the world : 에베레스트 원정보고서〉, 서울대학교 농업생명과학대 산악회, 2012.

중동 산악회, 〈2006 에베레스트 원정보고서: 중동 개교 100주년〉, 중동 산악회, 2006.

곽정혜, 〈네팔 정부, 에베레스트 등산객 쓰레기 8kg 수거 의무화〉, 《마운틴》, 2014. 3. 4.

곽정혜, 〈네팔, 히말라야 입산료 변경안 발표…2015년 1월부터 적용〉, 《마운틴》, 2014. 9. 11.

김진세, 〈[김진세의 인터뷰-긍정의 힘]살아 있는 도전의 아이콘 엄홍길 대장〉, 《레이디경향》, 2011. 11. 1.

두경아, 〈[C-CAST] 산악인 엄홍길 '자연의 순리에 따르라'〉, 《여성중앙》, 2013. 8. 1.

서기석, 〈[지령 500호 특집2-세계 최고봉, 나도 오를 수 있다] 상업등반 현황〉, 《월간 산》, 2011. 6.

서기석, 〈[지령 500호 특집2-세계 최고봉, 나도 오를 수 있다] 등반 추세〉, 《월간 산》, 2011. 6.

이영준, 〈모상현/바람구두를 신은 산쟁이〉, 《마운틴》, 2008. 4. 30.

이영준, 〈한국 에베레스트 등정 30주년-어제와 오늘〉, 《마운틴》, 2008. 4. 30.

임효진, 〈"자연은 언제나 위대하고 신비롭습니다" 산악인 엄홍길 대장〉, 《월간Outdoor》, 2015. 1. 1.

장인석, 〈히말라야의 철인 박영석 "살아남은 건 축복, 그래도 또 산에 오른다"〉, 《신동아》, 1999. 7.

유인경, 〈[유인경이 만난사람]산악인 박영석〉, 《주간경향》, 2005. 6. 3.

윤선희, 〈히말라야 16개좌 완등 엄홍길 씨 "전생에 난 산이었을 거예요"〉, 《주간한국》, 2007. 11. 19.

권대우, 〈[권대우가 만난사람] "뜻을 세웠다면 미쳐야 합니다"〉, 《아시아경제》, 2009. 6. 23.

김세준, 〈[week&] 차디찬 빙벽에 누운 후배들··· 데려와야죠〉, 《중앙일보》, 2004. 12. 23.

김영태, 〈엄홍길, "제 2 인생의 8000미터 도전"〉, 《노컷뉴스》, 2008. 11. 26.

김용, 〈김용의 세상보기:UDT 복무가 인생의 갈림길이었다.-엄홍길 대장〉, 《스포츠조선》, 2011. 1. 26.

김효정, 〈[방송가] 위대한 산악인 엄홍길을 키운 어머니의 삶〉, 《부산일보사》, 2013. 2. 8.

김후명, 〈[엄홍길씨] "14좌 완등시비 마침표 찍겠다"〉, 《한국일보》, 2001. 8. 15.

박은주, 〈[나의 도시 나의 인생] 의정부 – 산악인 엄홍길〉, 《조선일보》, 2010. 4. 28.

엄홍길, 〈[Life & Success] 16좌 완등 가능케 한건 18번 실패의 쓴 맛〉, 《매일경제》, 2011. 3. 11.

엄홍길, 〈[내 인생에서 후회되는 한 가지](1) 엄홍길 – 셰르파의 죽음〉, 《경향신문》, 2011. 10. 2.

이동윤, 〈[스포츠 인사이드]위대한 탐험가 박영석, 그의 도전정신에 경의를〉, 《문화일보》, 2011. 11. 9.

이동현, 〈세계적 등반가 월터 보나티 별세〉, 《한국일보》, 2011. 9. 15.

이용대, 〈영국 산악계 살아있는 전설 보닝턴〉, 《한국일보》, 2008. 1. 29.

이창호, 〈고산 등정의 허와 실〉, 《스포츠한국》, 2010. 9. 24.

이헌익, 〈[이헌익의 인물 오디세이] 산악인 엄홍길〉, 《중앙일보》, 2000. 1. 10.

장성현, 〈'휴먼재단' 만든 산악인 엄홍길 〉, 《매일신문》, 2008. 6. 7.

전창, 〈[북극 탐험]"사방에서 끼익 끼익···얼음이 무너져 내린다"〉, 동아일보, 2005. 5. 5.

정진건·정기택, 〈엄홍길 "지금이 위기라고들 하는데, 목숨을 걸어야 할 만큼 위험합니까?"〉, 《매일경제》, 2015. 1. 8.

최보식, 〈"등산은 원점으로 되돌아오는 것"〉, 《조선일보》, 1999. 3. 30.

한필석, 〈[Why] "올랐다" "못 올랐다" 저 아래 세상은 시끄러운데, 진실을 아는 山은 말이 없고···〉, 《조선일보》, 2010. 9. 4.

MBC특별기획팀, 〈아! 에베레스트〉, MBC, 2005. 7. 8.

Everestnews.com, 〈The Quest for all 14 8000 Meter Peaks Summits (The True Highest Summit!)〉

Himalayandatabase.com, 〈The Expedition Archives of Elizabeth Hawley〉

《두산백과》, 〈셰르파〉

《두산백과》, 〈야크〉

《두산백과》, 〈헤르만 불〉

《두산백과》, 〈셰르파〉

PHOTO CREDITS AND CAPTIONS

ENDPAPERS
1988년 에베레스트 정상에서, 엄홍길 휴먼재단 제공

IMPRESSION
P.4 엄홍길의 오른발. 엄홍길 휴먼재단 제공
P.5 에베레스트, Wikimedia Commons
P.7 엄홍길의 저서 《8000 미터의 희망과 고독》 213페이지
P.8-9 위성에서 찍은 에베레스트와 마카루, Wikimedia Commons

LEGENDARY EXPLORERS
P.16 에드먼드 힐러리, Wikimedia Commons
P.17 헤르만 불, Alpinwiki
P.18 월터 보나티, Wikimedia Commons
P.19 크리스 보닝턴, Group Magazine 다큐멘터리 〈Sir Chris Bonington at 80 life, death and at least 10 close〉
P.20 라인홀트 메스너, Flickr 제공 (아이디 Peter Stevens)
P.21 예지 쿠쿠치카, Wikimedia Commons

PORTRAITS
P.26 2000년 K2에서 룽다(깃발)을 잡고, 엄홍길 휴먼재단 제공
P.27 히말라야에서, 엄홍길 휴먼재단 제공
P.28 1995년 마칼루에서, 왼쪽부터 알베르토, 엄홍길, 후아니토, 엄홍길 휴먼재단 제공
P.29 2007년 로체샤르에서 눈에 묻힌 텐트를 복구하는 중, 엄홍길 휴먼재단 제공
P.30 1985년 에베레스트 남서벽 원정 도중 휴식을 취하며, 엄홍길 휴먼재단 제공
P.31 1996년 다울라기리에서, 엄홍길 휴먼재단 제공
P.32-33 2010년 네팔 팡보체에서, 엄홍길 휴먼재단 제공

BIOGRAPHY
P.34-35 2013년 안나푸르나 트레킹, 엄홍길 휴먼재단 제공
P.38 가족 사진, 엄홍길 휴먼재단 제공
P.41 20대 시절 도봉산에서 암벽 등반하는 모습, 엄홍길 휴먼재단 제공
P.42 (위) 1988년 에베레스트 정상으로 가는 길, 엄홍길 휴먼재단 제공
     (아래) 1988년 에베레스트 정상에서, 엄홍길 휴먼재단 제공
P.44-45 퉁 라에서 바라 본 시샤팡마, Wikimedia Commons
P.46 (위) 1995년 마칼루 정상에서, 엄홍길 휴먼재단 제공
     (아래) 마칼루에서, 엄홍길 휴먼재단 제공

153

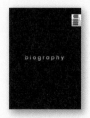

ISSUE 1
이어령 李御寧

ISSUE 2
김부겸 金富謙

ISSUE 3
심재명 沈栽明

ISSUE 4
이문열 李文烈

ISSUE 5
최재천 崔在天

ISSUE 6
고은 高銀

ISSUE 1 이어령 이어령 선생은 평론가, 소설가, 시인, 언론인, 교수, 행정가 등 다방면에서 활동하며 탁월한 업적을 남겼습니다. 한국의 대표 석학, 시대의 지성으로 불리기도 합니다. 이어령 선생은 내일을 사는 사람입니다. 이어령을 읽어야 할 이유가 여기에 있습니다.

ISSUE 2 김부겸 김부겸 전 의원은 진보와 보수, 호남과 영남의 경계에서 외로운 싸움을 해 왔습니다. 그는 한국 정치사의 경계인境界人입니다. 소속감을 느끼지 못하고 경계를 맴도는 현대인들이 그의 삶을 통해 스스로를 치유할 수 있는 계기가 되었으면 합니다.

ISSUE 3 심재명 명필름 심재명 대표는 〈접속〉, 〈공동경비구역JSA〉, 〈건축학개론〉 등 작품성과 상업성을 두루 갖춘 영화를 제작했습니다. 심 대표는 성공의 원동력으로 결핍과 열등감을 꼽았습니다. 모든 게 부족했기에 채울 수 있었던 그의 삶을 들여다봅니다.

ISSUE 4 이문열 이문열 작가는 대중성과 예술성을 겸비해 우리나라 최고의 작가로 꼽힙니다. 《사람의 아들》, 《젊은 날의 초상》, 〈우리들의 일그러진 영웅〉, 《평역 삼국지》, 등 그의 저서는 3천만 부 이상 팔렸습니다. 그의 삶과 작품을 근대사에 비추어 봅니다.

ISSUE 5 최재천 최재천 국립생태원장·이화여대 석좌 교수를 만났습니다. 최 원장은 우리나라의 대표적인 사회생물학자입니다. 자연 과학과 인문학을 넘나들며 통섭을 실천하고 있습니다. 인간의 유래와 새로운 인간상, 살아 있는 것들의 아름다움에 대해 살펴봅니다.

ISSUE 6 고 은 1958년 등단한 고은 시인은 이제까지 150여 권의 저서를 냈습니다. 대한민국 문학사에 유례없는 다산성의 시인입니다. 그는 한국의 시인이자 아시아의 시인, 세계의 시인입니다. 6호에서는 그의 전생과 현생을 추적하고 대표작을 엄선해 담았습니다.